铭记历史　致敬英雄

"兵工泰斗"刘鼎和他的儿子刘文山（刘文山提供）

地雷战1（王聚英提供）

地雷战2（王聚英提供）

地道战1(王聚英提供)

地道战2(王聚英提供)

麻雀战抗日英雄李殿冰
（王聚英提供）

麻雀战（王聚英提供）

水上游击战（王聚英提供）

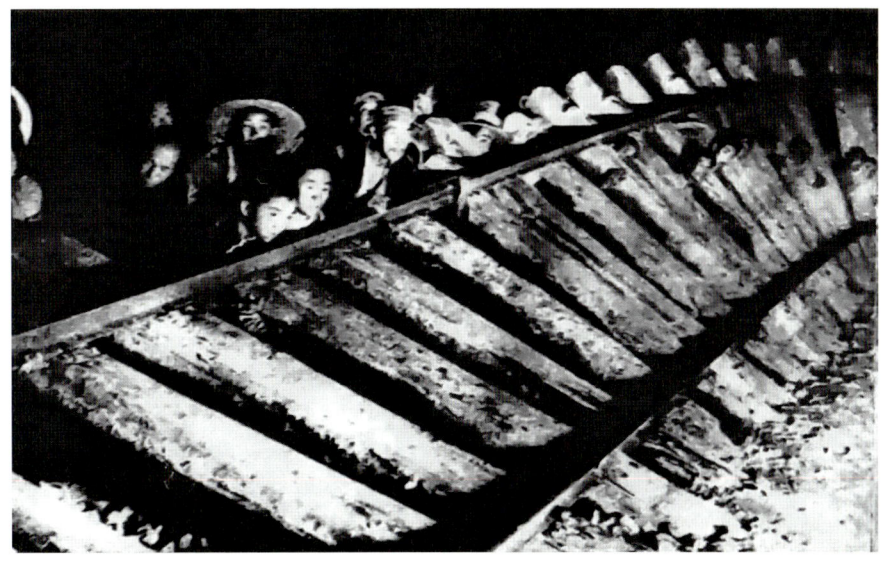

破袭战（王聚英提供）

围困战（王聚英提供）

村落战（王聚英提供）

抗战烽火中的

好发明

战法与武器

顾问：刘文山
主审：岳思平
编著：高云峰
　　　高斯玥

海燕出版社
电子工业出版社

图书在版编目（CIP）数据

抗战烽火中的好发明：战法与武器 / 高云峰，高斯玥编著． -- 郑州：海燕出版社；北京：电子工业出版社，2025. 8. -- ISBN 978-7-5806-0086-8

Ⅰ.E297.3

中国国家版本馆 CIP 数据核字第 20257G702J 号

抗战烽火中的好发明——战法与武器
KANGZHAN FENGHUO ZHONG DE HAO FAMING——ZHANFA YU WUQI

出版人：李 勇	装帧设计：高 瓦
策划编辑：李喜婷	责任校对：李培勇 吴 萌 屈 曜
责任编辑：李喜婷 范 戈 蔡 葵	责任质检：李红彦
周 彤 王 敏	责任印制：邢宏洲
美术编辑：韩 青	

出版发行　海燕出版社
　　　地址：河南自贸试验区郑州片区（郑东）祥盛街 27 号
　　　邮编：450016　网址：www.haiyan.com
　　　发行部：0371-65723270　总编室：0371-63932972

经　　销	河南省新华书店
印　　刷	河南博之雅印务有限公司
开　　本	787毫米×1092毫米　1/16
印　　张	14.5
字　　数	195千字
版　　次	2025年8月第1版
印　　次	2025年8月第1次印刷
定　　价	45.93元

如发现印装质量问题，影响阅读，请与我社发行部联系调换。
严禁擅用本书制作各类出版物，著作权所有，违者必究。

爱国，创造，胜利！

亲爱的读者朋友们：

你们好！

2025年是中国人民抗日战争暨世界反法西斯战争胜利80周年，我一直在思索，用什么来缅怀先烈，致敬英雄，纪念胜利，砥砺奋进呢？

作为一位年近花甲的编辑，出版《抗战烽火中的好发明——战法与武器》，以尽自己的一份责任。

透过每天的新闻热点，你会感受到国际形势动荡不安，局部地区烽火四起，而我们享受着岁月静好，是千千万万科技强国的科学家、不畏牺牲的英雄人民在替我们负重前行。

我们何其有幸，生活在一个日益强大的中国。贸易战，不怕！科技战，不怕！信息战，不怕！什么都不怕！

事实雄辩地证明，强国靠党的领导，靠社会主义制度，靠英雄的人民，靠先进的科技。

回顾历史，在艰苦卓绝的抗日战争时期，广大军民保家卫国的决心与勇气激发出无限的创造力,为抗战胜利贡献了巨大力量。今天,爱国,创造,仍然是实现一切胜利的制胜法宝。

2025年1月,中共中央、国务院下发《教育强国建设规划纲要(2024—2035年)》,教育部办公厅印发《中小学科学教育工作指南》。我一直想寻找一个将爱国教育与科学教育结合的点,为读者奉献一餐营养丰富的精神食粮。《抗战烽火中的好发明——战法与武器》选题就这样产生了!

本书的作者高云峰是清华大学航天航空学院的教授,他长期致力青少年科学教育研究,担任全国多所中小学校的科学副校长。2025年2月17日,我与高云峰教授谈了策划本书的创意,高教授特别赞成。但找不到抗战中发明故事的权威来源就是无米之炊。我就当即联系了曾任《解放军报》副总编辑的江永红先生,他又推荐我拜访抗战史专家、中国军事科学院的岳思平先生。岳先生一听,认为这本书创意新颖,表示抗战历史由他把关,军工方面当即帮我联系了"兵工泰斗"刘鼎的儿子刘文山先生。我第二天就到北京拜访了几位专家,开了一个讨论会。

在几天之内完成策划,约见作者、顾问的事在我从事出版工作30年的历史上还是第一次。

参加图书创作讨论会的专家,高云峰58岁,江永红75岁,岳思平78岁,刘文山73岁。几位老先生都不让车接送,说自己坐地铁来。这让我心生敬佩。一位精神矍铄的先生骑着老旧二八自行车来了,很像一位修车的师傅,当听到"我是刘文山"这一声自我介绍时,我强忍着感动的热泪连声说:"欢迎,欢迎。"几位白发苍苍的专家为一本小书聚在一起,情绪高涨,感慨万千。刘文山先生绘声绘色地讲述着一桩桩有趣的军工故事,兴致盎然。说到父亲的坎坷经历,他没有抱怨。"文革"时期,他父亲刘鼎被迫害坐牢,经毛泽东主席亲自批示,他父亲提前出狱,他对党充满了感激。革命家后代的家国情怀令人肃然起敬!

当你读到这里时,我想你一定与我一样感受到了:书虽小,却承载了几代人的浓浓情感。我们想为青少年做一件事情，让青少年铭记历史，学习英雄，自强不息。

我把抗战的故事与专家的智慧进行梳理，设计四个栏目：烽火英雄，烽火中的好发明，发明思维大讨论，创新迁移前景广。本书不仅讲述了一个个抗战英雄的感人故事，如地雷战中"爆破英雄"赵守福、于化虎、李混子，地道战中"神出鬼没"的刘傻子，麻雀战中的英雄李殿冰，水上游击战中的"芦荡英雄"赵波，铁道游击战中的"飞虎英雄"洪振海，以及军工战线上的"兵工泰斗"刘鼎，也讲述了一个个生动的、充满智慧的创造故事，如地雷战中，用尿制作炸药原料，用石头、陶、瓷等制造地雷，地道战中的"五防"地道——防火、防毒、防烟、防水、防破坏的地道。在此基础上，展开发明思维大讨论与创新迁移前景广，让读者领悟创造的思维方法，以期在当今、在未来能够产生更多的发明创造，将伟大的抗战精神与人民的创造智慧转化为新时代的强国力量。

抗战年代的创造浸染着鲜血，直面着牺牲。这让我们深刻体会到，无论物质条件优劣，爱祖国、爱人民才是创造的不竭动力。

读者朋友们，历史告诉我们，落后就要挨打。你们将是社会主义现代化强国的建设者，国际竞争的中国力量。为了不再挨打，不再受屈辱，我诚恳地希望，你们一定要传承英雄的红色基因，爱国爱党，学习英雄的斗争智慧，创新创造，努力成长为既有报国之志又有报国之力的强国人才，爱国，创造，争取更大的胜利！

李喜婷

2025 年 5 月 24 日

前言

今年是中国人民抗日战争暨世界反法西斯战争胜利 80 周年。

本书从三个角度介绍抗日战争中人民的发明创造：一是新的技术战术发明；二是在具体游击战争中的发明创造；三是军工专家们在武器装备方面的创造发明。

在战争中，人们往往容易注意到双方现有的武器装备。但在技术和战术层面的创新创造可能更为重要。《孙子兵法》十分重视作战方式，主张"巧能成事"，用巧劲而不是使蛮力。面对强大的日寇，如果硬拼，自己的实力将很快消耗殆尽。

毛泽东同志在《论持久战》中，全面分析了中日战争所处的时代和中日双方的基本特点，批驳了"亡国论"和"速胜论"，论证了中国能够也必须经过持久抗战取得胜利。为了实现持久战的战略总方针，毛泽东同志进一步提出了一整套具体的战略方针，还特别强调了游击战在中国抗日战争中的重大意义。毛泽东同志还科学地提出和论证了"兵民是胜利之本"的思想，指出："武器是战争的重要的因素，但不是决定的因素，决定的因素是人不是物。""战争的伟力之最深厚的根源，存在于民众之中。""动员了全国的老百姓，就造成了陷敌于灭顶之灾的汪洋大海，造成了弥补武器等等缺陷的补救条件，造成了克服一切战争困难的前提。"因此，人民战争是战胜日本帝国主义的法宝。

中国人民在中国共产党的领导下，广泛采用了新的战略战术，发展出了全新的地雷战、地道战、麻雀战等战法，配合正面战场，积小胜为大胜，将日寇陷于人民战争的汪洋大海，为最终战胜日寇奠定了坚实的基础。

从游击战术的角度，本书介绍了地道战、地雷战、麻雀战、水上游击战、铁道游击战等不拘一格的战术；从武器装备的角度，本书介绍了铁轨变炮筒、无烟火药的制造等异想天开的创造发明；从军工生产的角度，本书介绍了刘鼎、白英等奇思妙想的专家。

最后一章介绍了发明创造的一般方法，以及在抗战烽火中我方的发明属于哪种发明方法，启发读者在未来遇到困难时，可以从发明的角度，提出新的解决方案。

2025 年 5 月 18 日

目录

第一章 大地惊雷：地雷战 /1

烽火英雄："爆破英雄"赵守福 /4

　　　　　"爆破英雄"于化虎 /8

　　　　　"爆破英雄"李混子 /11

烽火中的好发明：物尽其用造地雷 /18

发明思维大讨论 /28

创新迁移前景广 /29

第二章 地下堡垒：地道战 /41

烽火英雄："神出鬼没"刘傻子 /45

烽火中的好发明：攻防兼备挖地道 /53

发明思维大讨论 /64

创新迁移前景广 /65

第三章 四面出击：麻雀战 /77

烽火英雄：出奇制胜李殿冰 /82

烽火中的好发明：化整为零消耗日寇 /88

发明思维大讨论 /96

创新迁移前景广 /98

第四章 水泊逞威：水上游击战 /103

烽火英雄："芦荡英雄"赵波 /108

烽火中的好发明：葫芦水雷炸敌船 /111

发明思维大讨论 /123

创新迁移前景广 /125

第五章 铁路战场：铁道游击战 /135

烽火英雄："飞虎英雄"洪振海 /138

烽火中的好发明：身手敏捷扒火车 /146

发明思维大讨论 /153

创新迁移前景广 /155

第六章 克敌制胜：军工战 /161

烽火英雄："兵工泰斗"刘鼎 /164

烽火中的好发明：独具匠心造武器 /167

发明思维大讨论 /184

创新迁移前景广 /186

第七章 发明方法集锦 /195

后记 /214

第一章

大地惊雷

地雷战

2 抗战烽火中的好发明——战法与武器

埋好地雷端起枪，

满山遍野摆战场，

坚决消灭侵略者，

武装起来保卫家乡。

小河边大路旁，

用地雷筑起万里屏障，

山沟里山顶上，

用地雷筑起钢壁铁墙。

嘿！炸得敌人寸步难行，

炸得敌人无法躲藏。

轰隆隆——地雷爆炸声，炸得日本鬼子魂飞魄散。电影《地雷战》的同名插曲，至今仍让人心潮澎湃。那一声声炸响，不仅是抗战战场上的呐喊，更是一曲人民群众英勇抵抗、团结奋斗的凯歌。

在抗日战争中，广大军民以满腔的爱国热情和不屈不挠的斗志，在极为艰苦的条件下，开动脑筋、因地制宜，创造性地发明和改进了30多种形式各异、用途多样的地雷。《地雷战》是一部讴歌军民集体智慧与抗战精神的经典影片,其原型源于现实生活中一个个精彩而真实的故事。

面对敌人的强大火力,军民根据地形、材料、用途和作战需求,发明出踏板雷、挂雷、挑棍雷、吊雷、拉雷、真假子母雷、弹簧雷、头发丝雷、夹子雷、梅花雷、标语雷、滚珠雷等多种类型的地雷。每一款地雷,都凝聚着民间智慧和对敌人的深仇大恨。

在八路军军工部的组织下,这些地雷不仅实现了局部量产,有的还进入制式武器行列。地雷战逐渐演变为群众性的全民防御运动,"村村造地雷、户户埋地雷",将地雷变为人民战争的利器,使日军在华北抗日根据地寸步难行。

在实战中,这些地雷取得了显著战果。1944年,山东省海阳县小滩村的民兵孙藻训将夹子雷埋在石礅桥头,日军过桥时,"轰隆"一声巨响,炸伤多名日军。

山东省海阳民兵并非最早发明和使用地雷的,但海阳的地雷战在山东却是最有名气的。赵疃村、文山后、小滩村适宜打游击战,这三个村地雷战也开展的最为活跃,被胶东军区誉为"特等模范爆炸村",涌现出了赵守福、于化虎等爆炸英雄。

1962年,《地雷战》被拍成了电影,在电影中赵疃村化名赵家庄,从赵守福和于化虎的名字中各取一字,集合成了赵虎这一英雄角色。

正如历史所记载,面对武器精良、侵略成性的敌人,中国军民依靠智慧和顽强意志,大规模地使用自制地雷,打了一个个胜仗,给予敌人沉重打击,为抗战胜利做出了不可磨灭的贡献。地雷战的意义在于:

(1)构建低成本作战防御体系。地雷造价低廉、取材便捷,弥补了敌后抗日武装在武器装备上的劣势,以"遍地开花"的地雷阵构建起坚固的防御屏障,有效抵御日军进攻,降低了日军机械化部队的作战效能。

(2)实现作战空间的有效控制。地雷的广泛布设,极大限制了日军的行动范围,打乱其作战部署和物资运输计划,压缩了日军的控制区域,使敌后抗日根据地得以巩固和拓展。

(3)达成作战消耗目的。地雷战让日军时刻处于高度紧张和恐惧之中,频繁发生的地雷爆炸,牵制和消灭了日军有生力量,削弱了其战斗力。

(4)激发精神力量。地雷战激发了民众的抗日热情和创造力,增强了军民抗战信心,为抗战胜利凝聚起强大的精神动力,也为世界反法西斯战争提供了独特的战略战术范例。

今天,重温那段地雷战的光辉历史,不只是缅怀英烈,也是传承红色基因,更是向军民智慧与民族精神的致敬。我们不忘过去的创造力,是为了点燃今天的创造力;我们铭记历史,是为了共同创造更灿烂的未来。

烽火英雄

★

"爆破英雄"赵守福

赵守福(图1-01),1919出生于山东省海阳县行村镇赵疃村,原名良桂。赵守福出身贫苦农民家庭,从9岁起就给地主扛活、放牛。他22岁时加入民兵组织,走上抗日救国的道路。

他1943年加入中国共产党,曾任海阳县村民兵连连长、县"赵守

图1-01 赵守福

福爆炸队"队长。他发明了多种地雷和爆炸方法,1943年,被胶东军区授予"爆炸大王"称号。1944年,被授予"胶东军区民兵英雄"称号。1948年,被山东省军区授予"山东民兵英雄"称号。

据统计,赵守福共参加抗日战斗上百次,杀伤日、伪军200多名,炸毁敌人汽车、马车各两辆,炸死敌战马4匹,并在推广"地雷战"中教会"徒弟"1.2万余人,其中有82人被各级授予"爆炸大王"或"爆炸模范"称号。

1950年,赵守福出席全国战斗英雄代表会议,被授予"全国民兵战斗英雄"称号,受到毛泽东、周恩来、刘少奇、朱德等党和国家领导人接见。

1 探狼窝除汉奸

赵疃村南面靠山,东西北三面都是小平原,位于行村与索格庄之间,距夼里村5里路,是行村敌伪到索格庄与夼里村交通要道。

1942年春天,赵守福带领赵疃村民兵去搞食盐,路上发现鬼子由行村通往大山所、鲁古埠的电话线,赵守福决定放弃搞盐计划,掐断鬼子的电话线。他组织20多个民兵,迅速投入到切断敌人联络线的战斗。当每人背着百余斤电话线走到行村附近,碰到夜间巡逻的敌人,民兵便迅速往山沟撤退,但由于负重太大,鬼子在狼狗的引领下,很快追了上来,在这紧要关头,赵守福从腰间摸出一颗长把雷炸飞了狼狗,敌人由于夜晚看不清,害怕中了八路军的埋伏,只好灰溜溜地撤回行村据点。

行村据点的汉奸麻子所长,是日本鬼子的忠实走狗,专门登记进出的人员,如发现可疑人员,便抓起来向鬼子邀功。

1944年春的一个深夜,赵守福带了四颗地雷,摸到了行村碉堡门口和据点南门,埋下两颗地雷,然后摸到麻子所长登记所,用棍撬开窗,进去后在堂门上挂了第三颗雷,最后把一颗雷放到办公桌边的废纸篓里,用碎纸掩盖好,雷弦挂在椅子腿上。第二天一大早,敌人打开南门时,地雷就炸响了。麻子所长见日本兵被炸,心中忐忑,害怕日本人追责,立马跑向登记所,想严查行人。麻子所长一推门,门后的地雷爆炸,把麻子所长的脑袋炸开了花。当日军来查看时,匆忙中又绊响了废纸篓里那颗地雷,几个敌人连同登记所变成一堆瓦砾。

1944年下半年,驻行村的日本鬼子处处被打挨炸,被迫龟缩在据点里,不敢轻易出动。一天夜里,赵守福全力做好伪装,背上三颗地雷,悄悄地靠近了行村据点。在日伪军必走的西门、南门、北门分别埋下了三颗地雷,将弦挂在门旁。第二天一早,日伪军一开门,三颗雷几乎同时爆炸,炸死炸伤敌人七八名。

2 "魔鬼的礼花"跳雷

1942年深秋,山东省海阳县赵疃村民兵队长赵守福正在擦拭祖传的捕兽夹,冷不防,坚硬的金属弹簧猛然弹起,在他虎口处划出一道血痕。这突如其来的疼痛,却意外地点亮了他的灵感:"要是地雷也能像捕兽夹那样,跳起来爆炸,不就更厉害了吗?"

图1-02 赵守福试制跳雷

三天后,赵守福便用打谷场扇车上的弹簧,试制出了第一代跳雷(图1-02)。试验那天,老槐树下的陶罐"嘭"的一声蹿起两米高,随后炸裂开来,里面的铁片如天女散花般四散飞溅。"三十步外的草人被打成了筛子。"亲历者于化虎在回忆录中这样写道。

这一发明后来被日军惊呼为"魔鬼的礼花",并很快在胶东军区范围内推广使用。据战果统计,仅1943年春季,跳雷所造成的敌军伤亡就占整个地雷战战果的47%。

3 借鉴水车滴漏的延时地雷

中国早在两千多年前就已掌握了利用水流计时的技术。古书记载的"刻漏"（也称"水钟"或"漏壶"）便是其代表。它通常由数个铜制容器串联而成，除了最底部的壶，每个壶都有一根细水管，水自上而下缓缓滴落至最底壶中，细密均匀。最下方的壶中安放一个空心铜人，手托木牌，随着水位上升，木牌也随之浮起，从木牌上的刻度即可读出时间（图1-03）。

受此启发，赵守福在地雷设计中引入了滴漏计时原理，研发出一种延时引爆装置（图1-04）。他在一根竹筒上钻出一个微孔，用以控制水流速度，并通过反复试验，准确掌握不同水量流尽所需的时间。随后，他将连杆和金属球固定在一个木块上，木块漂浮于竹筒水面之上。随着水位缓慢下降，木块逐渐下沉，小球接触引信的导线形成闭合回路，在预定时间内引爆地雷。只要导线位置的高度合适，就可以控制爆炸时间。

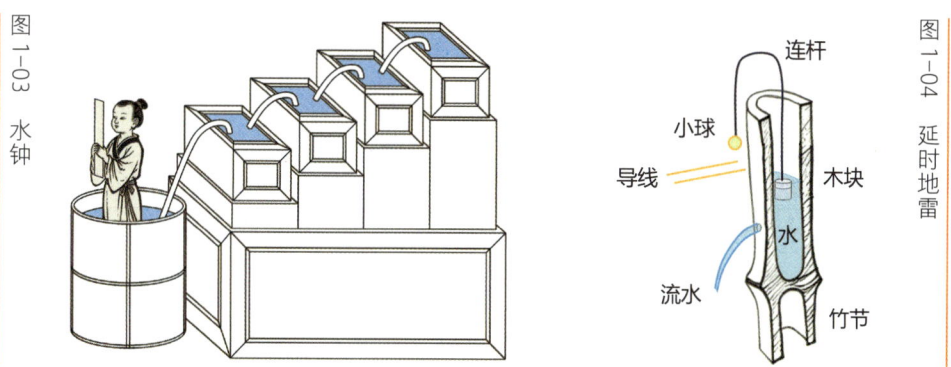

图1-03 水钟

图1-04 延时地雷

这一设计不仅技术巧妙、操作简便，还能有效适应突袭、伏击等对时间有特殊要求的作战场景。延时地雷的出现，使游击队的爆破技术具备了更强的控制力与战场灵活性，也再次印证了中国古代科技智慧在现代战争中的实用价值。

赵守福用一滴滴水,做出了地雷战中的时间武器,也彰显了人民智慧在战火中的威力。

"爆破英雄"于化虎

图1-05 于化虎

于化虎(图1-05),1914年出生于山东省海阳市文山后村,原名晋生。1941年在家乡参加民兵组织,1943年加入中国共产党。曾任海阳县村民兵分队长、队长,海阳县子弟兵团"化虎营"营长兼行村区武装部副部长。在抗日战争中,制造石雷、子母雷等地雷,创造绊雷、梅花雷等布雷方法,培训了一千多名爆破手,先后炸死敌人一百七十一名,并创一雷杀伤七个敌人的纪录。1945年,于化虎获得"胶东民兵英雄"、"爆炸大王"称号。

1950年,于化虎出席全国战斗英雄代表会议,被授予"全国民兵战斗英雄"称号,受到毛泽东、周恩来、刘少奇、朱德等党和国家领导人接见。2009年于化虎被评为100位为新中国成立作出突出贡献的英雄模范人物之一。

1 "活雷化虎"威名扬

于化虎参加抗日战争后,在家乡带领民兵以自制的踏雷、绊雷、连环雷、夹子雷、钉子雷、梅花雷等20多种地雷为主要武器,有力地打击日寇,威震胶东。

1941年秋,于化虎将几颗大地雷埋设在墨石硼路边的石堆里,使得

11 个敌人命丧黄泉。从此,"活雷化虎"威名传遍胶东。

1943 年 5 月,日伪军 100 多人偷袭文山后村,时任民兵队长的于化虎率领爆破组在村边埋下 70 多枚石头拉雷和绊雷,炸死炸伤前来袭击的日军 17 人。几天后,他又带领民兵在村子周围埋下数百颗自制地雷,诱敌进入雷区,炸死炸伤敌人 70 多名。

1944 年夏,于化虎带着 4 颗 25 斤重的大地雷潜入敌人据点,埋设在日军集合点名的地方。第二天早晨日军出操时踩响地雷,炸死炸伤 30 多人。

于化虎和他的民兵地雷战,在胶东一带威名大振,炸得日伪军闻雷色变。1944 年 10 月,于化虎等 5 人受胶东军区委派,到周边地区给民兵骨干传授制雷、布雷技术,开展历时 4 个多月的地雷战。

1945 年夏的一天,日军集结 400 多人,对周围村庄进行"扫荡"。于化虎组织民兵,化装混入敌人内部,活捉敌人 14 名哨兵,并穿上哨兵服装进村布雷。然后他们撤出村,开枪诱敌上钩。敌人慌乱中互相射击,地雷遍地开花,死伤 47 人。

慑于民兵地雷战的威力,据守海阳县城的日军,被围困在据点里,不敢越"雷池"一步,最后只能在青岛日军接应下从海阳逃走。

2 飞行埋雷

在运用地雷杀敌过程中,于化虎和海阳民兵还不断总结完善战术战法。早期普遍采用"等敌雷",即把地雷埋在固定地方,敌人碰上就炸,碰不上则无效。这种埋雷法曾发挥过杀敌作用,但敌人狡猾多变,开始小心避开有危险嫌疑的地方,使得地雷的杀伤力下降。后来就改为"飞行埋雷",这种埋雷方法也让于化虎博得"活雷化虎"的美誉。

所谓"飞行埋雷"就是等见到敌人的踪影后,认准敌军行动的路线,迅速埋雷,飞快隐蔽,出其不意,每击必中。

一次,行村据点的日伪军去文山后"扫荡"。于化虎得知消息后,赶紧从县上跑回家,这时,敌人已离村不远。他背起地雷迎着敌人跑去,在敌人必经的道口上埋好地雷,十几分钟后地雷爆炸,伤敌7名。

在此之后,各村民兵普遍学会了"飞行埋雷",日伪军出动"扫荡"时屡遭杀伤。

3 防止排雷主意多

日伪军吃尽地雷的苦头,便挖空心思对付地雷战。于化虎和民兵们根据"敌变我变"的原则,采取对策,出其不意,炸其不备。

敌人行军时,先派尖兵侦察,发现可疑之处,用石灰画上"○",后面的人马便绕转而过。民兵发现后,便在敌人必经的路面上画上"○",以假乱真;在"○"的周围埋上地雷。敌人见"○"后向两边闪躲,正好踏上地雷。

敌人无奈从青岛调来工兵,用探雷器破坏了不少地雷。

于化虎和民兵们制成夹子雷、头发丝雷和梅花雷等防排雷。民兵们昼夜试验,又赶制出"子母雷",敌工兵发现并起出假雷,小心向上一搬时,触动真雷的雷弦(图1-06),敌工兵当场粉身碎骨,其他工兵胆战心惊。

图1-06 子母雷

1944年春,驻青岛的日军对盆子山抗日根据地进行大扫荡。于化虎带领民兵在村西野虎山下埋设20多颗子母雷,炸死炸伤日伪军40多人。

当时的自制地雷易受潮,通常下雨天不埋雷,如果提前埋了也要取出。敌人掌握了民兵起雷和不埋雷的规律后,便专门在雨后进行"扫荡"。

针对这一情况，于化虎和民兵们将计就计，埋雷时用油纸、麦糠等防潮物件保护好地雷，并在雷嘴上扣一瓷碗防潮。一次雨后，敌人到赵疃村骚扰，陷入地雷阵，被毙伤18人。

"爆破英雄"李混子

"鬼子碰见骨碎，火车撞上翻身"，这是当年石门（今石家庄）周边广为流传的一句歌词，传唱的是大名鼎鼎的"爆破英雄"李混子。

图1-07 李混子

李混子（图1-07），1924年4月25日出生于河北省新乐县李家庄（今新乐市北李家庄）的一个贫苦农民家庭。全家靠租种地主的一亩坟地为生，日夜劳作，仍难以糊口。李混子满周岁该正式取名时，父亲因对动荡的世道心灰意冷，随口道："兵荒马乱的，连饭都吃不上，取名还有什么用？就这么混着过吧。"于是便给他取名"混子"，寓意"穷苦混日子"。

尽管家境困顿，但李混子自幼聪慧好学，双手灵巧。他捏出的泥人栩栩如生，编织的蝈蝈笼也深得伙伴喜爱。尤其爱鼓捣玩意儿，自制鸽夹、兔套，甚至用弹壳造手枪。李混子从小就显露的动手天赋，后来在抗战岁月中得到了极大的发挥。

1 初出茅庐

卢沟桥事变后，日军侵占了李家庄。年仅15岁的李混子担任村里的儿童团团长，带领小伙伴们站岗放哨、查验路条、传递情报，用自己的方式支援八路军和游击队。

1939年初，17岁的李混子加入李家庄青年抗日先锋队，接受了系统的军事技能培训。理论结合实践，使他在武器改造方面屡有创新。

当时，夜间放哨易犯困的问题一直存在。李混子想出一个巧妙的法子：发明了一种"自拉火枪"，俗称"线枪"（图1-08）。他用马尾编成细绳，一端套在枪机上，另一端固定在隐蔽处，将装有空包弹的线枪布置在通往村口的必经之路。空包弹虽无弹头，却声响巨大，既不伤人，又能惊醒打瞌睡的哨兵。

图1-08 "自拉火枪"的布置

这项发明很快派上了用场。一天夜里，月黑风高，百余名日军趁夜潜入李家庄，到了村口就触发了线枪。"啪"的一声巨响，在静静的黑夜中格外刺耳，正好几名八路军战士在村中留宿，听到枪响后立即转移，避免了可能的伤亡。日军偷袭落空，只得悻悻而归。

事后，李混子不舍心爱的线枪，冒险前去回收，却不幸被日军擒获。敌人见他年纪尚小，软硬兼施，试图套出八路军的下落。李混子装疯卖傻，始终守口如瓶，激怒了日军，惨遭毒打后被释放。

八路军得知此事后，专程派人慰问，并奖励他一支崭新的步枪，以表彰他的勇敢与机智。

2 历经磨炼

午夜时分，一列满载日军士兵的列车轰鸣驶来，车轮压轨之声震耳欲聋。李混子屏住呼吸，目光紧盯前方（图1-09）。当火车头驶入雷区的一刹那，他猛然拉绳引爆了地雷。

图1-09 准备炸日军军列

然而，地雷"轰"的爆炸声被列车的轰响所掩盖，硝烟散去，只见军列安然无恙地驶离，车上日军士兵甚至没有察觉到爆炸。

首战失利，众人皆沮丧，李混子亦抱头苦思失利之因。后来他们实地勘察，发现此次失利的主要原因：一是地雷过小，装药量不足；二是埋雷方式有误，将地雷简单置于两道铁轨之间，不如埋于铁轨之下。

问题虽已找出，改进却不容易。炸药不足犹如无米之炊，再巧的构想也难以实现。此时，著名战斗英雄甄凤山率八路军铁路支队，在定县成功伏击一列日军军火列车，缴获大量弹药。得知李混子正为缺少炸药而发愁，甄凤山慷慨解囊，送来两箱共计一百斤炸药。

李混子如获至宝，立即投入制作，成功制成四枚威力巨大的拉火式地雷。为确保一击必中，他将其中两枚埋于铁轨下方，另两枚则安置于轨道枕木之间，预备再战。

当晚，大雾弥漫，夜色沉沉。李混子与战友们分伏于铁道两侧，寒风凛冽，众人瑟瑟发抖。时间一分一秒过去，直到东方泛起鱼肚白，仍不见日军列车踪影。一些战士开始打退堂鼓，但李混子坚定不移，果断决定再等片刻。

忽然，远处传来阵阵车声，一辆日军装甲巡逻车自车站驶出，车上约有五六名日军。巡逻车行至不远处停下，两名日军跳下车，爬上路边电线杆，修复被游击队剪断的电话线，其他日军在附近警戒。

李混子这才恍然大悟——原来昨夜列车未能出动，是因为通信线路被切断，日军无从了解路况，只得暂停行动。更巧的是，昨夜大雾浓重，另一组游击队员剪线时恰与爆破小组在黑暗中交错，双方竟未察觉彼此的存在。

此时，又有两名日军攀上电线杆，巡逻车上仅剩一人守候。电线杆上的敌人活靶般显眼，部分战士被引得心动，向李混子请示是否可以趁机击杀。李混子当机立断予以否决。他深知当前任务的关键，不愿因小失大。他冷静分析，认为只要电话线修复完毕，敌人势必重启运输。

果不其然，线路刚一接通，一列满载日军军火的列车便隆隆驶来。时机成熟，李混子果断下令起爆。四枚地雷同时引爆，"轰隆"的巨响震天，火车头被炸毁，重重栽入路基下。后方车厢在巨大惯性下连环撞击，车内"噼里啪啦"的爆炸声与日军的惨叫声"助けて！"（大意是"救命啊"/tasukete）此起彼伏。

这一战大获全胜，李混子的爆破行动狠狠打击了敌人嚣张的气焰。日军损失惨重，他们耗费整整六七天时间，才勉强完成铁路修复与残骸清理。

3 巧灭工兵

日军在爆破行动中遭受重创，却苦于无良策应对，只能被迫加固铁路沿线的防御。为加强监控，他们将路基石子浇上石灰水，使其呈现白色，一旦有任何异常痕迹，便可一眼识别，随即调遣工兵彻查。同时，日军还增加巡逻次数，派出多辆铁道装甲巡逻车，每二十分钟一辆，轮番巡视。一旦察觉风吹草动，巡逻车便会毫不犹豫地实施猛烈扫射。

敌人防范森严，李混子一手打造的拉火式地雷难以再施展威力。望着日军军火列车畅通无阻，李混子心急如焚。他意识到，正是日军工兵的密集排查，使得地雷布设困难重重。若想恢复有效打击，首要之策便是先将敌工兵"请出局"。于是他灵机一动，计上心头：布置一个地雷阵，让敌人故意发现，但是让其中威力大的地雷延时爆炸（具体原理见后文"创新迁移前景广"）。

数日后，夜幕低垂，巡逻车刚驶离不远，李混子率爆破小组迅速跃上铁路路基。他们先挖出一个坑，将一枚大型地雷深埋其中。紧接着，又在另一处掘出新坑，又将第二枚地雷悄然放入新挖的坑中，并同样小心伪装。为什么要埋两枚地雷呢？因为一枚地雷的爆炸会引爆另一枚，增加爆炸威力。一切准备就绪后，众人趁夜色悄然撤离。

翌日清晨，日军工兵按惯例展开巡查，果然在铁道一侧发现可疑痕迹。他们欣喜若狂，小心翼翼地将伪装揭开，挖出了两枚地雷，其中有一枚从未见过的大型地雷，如获至宝，准备带回新乐县城进一步研究。十余名日军工兵围着地雷，窃窃私语，既兴奋又警惕。

就在此时，地雷冒出一缕白烟，现场气氛骤变（图1-10）。日军工兵们尚未来得及反应，雷声骤起，"轰"的一声巨响震彻山野。爆炸威力惊人，数十斤炸药瞬间将这十几名日军工兵炸得血肉横飞。

这一战术性布雷，李混子不仅成功清除了一批日军工兵，还令日军

图1-10 地雷突然冒出一缕白烟

对铁路"异动"心生忌惮。敌人愈加紧张,而李混子则在敌人不设防之处,持续策划新一轮的爆破奇袭。

4 "鼠夹子雷"显神威

随着日军对铁道运输线的防守愈加严密,李混子发明的曾屡建奇功的拉火式地雷也逐渐难以发挥作用。面对新形势,他没有丝毫迟疑,迅速对地雷进行改良,先后发明出姻缘雷、压簧抛线雷、定时雷、压发雷等多种类型的地雷,成为远近闻名的"爆炸专家",其战果令人惊叹。

短短不到一个月的时间里,就有两列日军军列在他的爆破中被炸毁。惊恐之下,敌人开始加固防线,在铁路两侧挖掘了深达四米、宽逾六米的护路沟;每隔几里还修建一座炮楼,昼夜轮岗,寸步不离;与此同时,大量壮丁被日军强行抓去,专门用于夜间巡逻。日军的种种措施,意在将李混子隔绝在铁轨之外,不给其一丝一毫的布雷机会。

但敌人没想到,李混子的灵感往往来自出其不意。他从日常生活中常见的老鼠夹子中获得启发,设计出一种带有弹性装置、埋设速度极快的新型"鼠夹子雷",整个布雷过程仅需十余秒钟。

"鼠夹子雷"当然不是简单地把地雷与鼠夹连在一起(图1-11),而是受老鼠夹的结构启发,适合快速布雷:将地雷置于两根铁轨中间,引信接上一段用马尾制作的细绳,细绳另一端绑着磁铁,吸附在铁轨外侧(图1-12)。列车车轮驶过时,会碾断马尾,使弹簧回弹,引信瞬间接通,引爆地雷。爆炸组的同志们把这种雷叫"自触火地雷"。

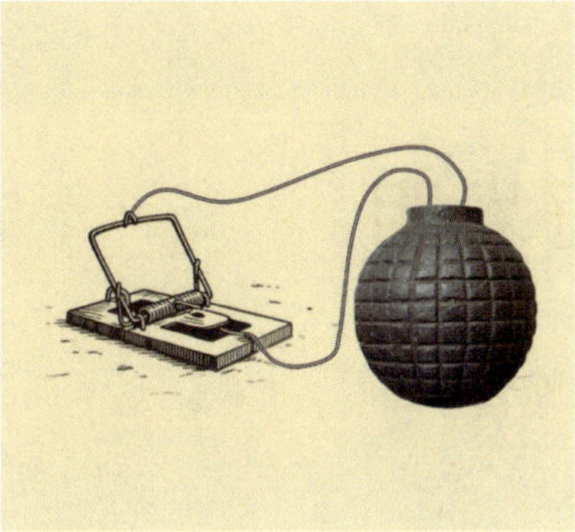

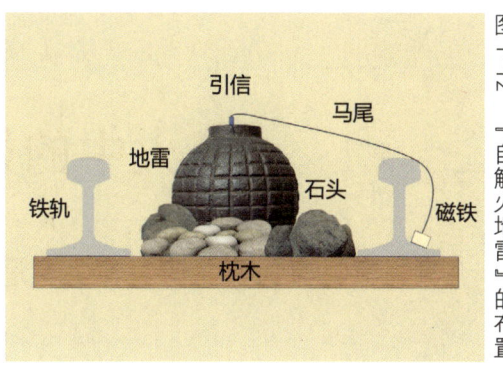

图1-11 地雷与鼠夹

图1-12 "自触火地雷"的布置

这种地雷不仅结构简单、反应灵敏，而且无需挖埋，仅用磁铁吸附铁轨即可，大大缩短了布雷时间，十余秒即可完成。在敌人防线严密、时间紧迫的条件下，这种"鼠夹子雷"仍能精准打击敌军列车，成为实战中极具杀伤力的爆破利器。

敌人苦熬俩月，才勉强恢复铁路通车。可好景不过两天，一枚"鼠夹子雷"再次掀起惊天动地的爆炸，列车和铁轨被彻底炸毁。

截至日本投降前，在寨西店至承安铺长达25里的铁路沿线，李混子率队作战百余次，累计炸毁敌方军火列车10列，车厢支离破碎，横七竖八，沿线几乎变为"报废火车堆场"。而在这条硝烟与铁轨交织的战线上，炸死或炸伤的日军更是数以百计。

抗战胜利后，晋察冀军区第七军分区召开爆破成果展览会，李混子被授予"爆破英雄"称号，获得奖章一枚，奖品为驳壳枪一支和子弹50发。这是八路军对李混子在抗战岁月中以命搏敌、技惊四座的最高褒奖。

解放战争中，在与国民党的一次作战中，李混子不幸牺牲。

烽火中的好发明

★

物尽其用造地雷

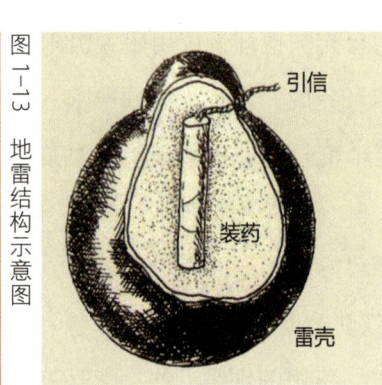

图1-13 地雷结构示意图

地雷，是一种布设于地表或埋藏于地下的爆炸性火器，属于典型的防御型武器。无论类型如何变化，地雷的基本结构始终由三个核心部分组成：雷壳、装药和引信（图1-13）。

地雷起源于中国，最早见于明朝初年。那时，真正采用机械触发装置的地雷已经出现，被称为"炸炮"。《火龙经》记载："炸炮制以生铁铸，空腹，放药杵实，入小竹筒，穿火线于内，外用长线穿火槽，择寇必由之路，连连数十埋入坑中，药槽通接钢轮，土掩，使贼不知，踏动发机，震起，铁块如飞，火焰冲天。"

正是由这种埋设在敌人必经之路、通过机械装置触发爆炸的"炸炮"，逐渐演变成我们今日所称的"地雷"。它不仅凝结了古代中国人民军事技术的智慧，也成为世界防御武器发展史上的重要源头。

抗日战争时期，抗日根据地普遍缺少武器弹药，面对凶恶的日军，利用地雷作战是一种自然的选择。广大军民因地制宜，发明创造了大量不同类型的地雷（图1-14）。

踏板雷，踩上即炸；吊雷挂在树上，敌人经过时触发绳索即可引爆；钉子雷在公路上竖立铁钉，通过拉线装置精准引爆过路车辆，甚至能区

图1-14 军民在发明创造地雷

分敌人的步兵与汽车;夹子雷则利用农村捕兽夹与地雷组合触发,设计巧妙、杀伤力大。

梅花雷,以其独特的埋设方式得名,多枚地雷呈梅花状分布,能在较大范围内对敌人造成杀伤,让敌人一旦踏入便无处可逃。

头发丝雷,则是利用头发丝或马尾的纤细与隐蔽性,控制一根橡皮筋,只要轻轻触动头发丝,橡皮筋收缩便会引发地雷爆炸,因其灵敏度极高,也被称为"神经过敏雷",令敌人防不胜防。

子母雷,更是构思精巧,将一真一假两个雷连在一起,假雷在上,真雷藏于下方,日军工兵挖取上面的假雷时,会牵动下方的真雷,从而引发爆炸,有效杀伤敌人。

飞行雷,如同在空中翱翔的"杀手",它通过巧妙的装置,能够在一定距离内飞到敌人上空,出其不意地发动攻击。

标语雷,不仅具有强大的杀伤力,还承载着宣传抗日的重要使命。民兵们在制作地雷时,会在上面刻上诸如"打倒日本帝国主义""还我河山"等振奋人心的标语,当敌人清除标语时会触发地雷的爆炸机制,遭受爆炸的打击。

压力雷,只有超过一定的压力才会爆炸。原先战士们在晚上埋好雷,等到白天火车过来时引炸。日军吃了几次亏后,想出对策,先开出一节空车头或车厢试路。如果有雷,只能炸个空车皮。如果没雷,才把实车开过来。游击队员们着急恼火，没有办法。相反，日军扬扬得意，运输列车一趟比一趟跑得欢。埋设"压力雷"后，日军做梦也未想到，眼看空车皮开过去了，没有爆炸，又一趟虚车开过去了，还是没有爆炸，然后日军把装着大批军用物资的火车放心地跟着开过来，却被压力雷炸飞了。

地雷战的真正威力，源于人民的集体智慧。它不仅是劳动人民智慧的结晶，更是民族精神的体现。从最初的简易触发雷，到后来的拉发雷、跳雷、延时雷，再到压力雷，每一项发明都凝聚着实战经验、基层创意、牺牲和奉献。这些看似简陋的爆炸装置，并不只是技术产品，更是一种战争语言，它向世界宣告：当人民被迫拿起武器，他们的智慧将成为最强的军火。当这种智慧汇聚成民族力量，再强大的侵略者也终将被埋葬在人民战争的汪洋大海之中。

1 用石、陶、瓷造地雷

抗战时期，抗日根据地的军民面临着极为严峻的现实：物资极度匮乏、武器装备落后、敌人凶残暴虐。然而，正是在这些看似难以逾越的困难中，军民化压力为动力，以顽强的意志和非凡的智慧，创造出一系列克敌制胜的策略和技术，铸就了坚不可摧的抗战精神。

在常规条件下，地雷的外壳通常由金属制成。具备一定工业基础的地区，会采用标准流程来铸造雷壳：首先采集铁矿石，通过高温冶炼提炼成铁水，然后倒入特制模具中冷却成型，制成雷壳。随后需在雷壳上钻孔，以便安装引信和装填炸药。炸药常采用黑火药等传统配方，装药过程必须小心谨慎，确保剂量适当，从而实现预期的爆炸效果。

然而，时任八路军军工部部长的刘鼎很快意识到，大多数基层单位并不具备这样的安全铸造条件。于是，他带领团队因地制宜、化繁为简，提出"就地取材"的生产策略。在当时一本民兵爆破教材中，对雷壳材料有如下描述:"铁壳当然最好,但铁壶、酒瓶、醋坛、罐头盒子、凿孔的石头等,也都可以拿来用。"这正是实用主义与创造精神的真实体现。

其中,"石雷"堪称因地制宜的典范。在太行山区等地,石材资源丰富,成为理想的地雷材料。经验丰富的石匠会选用质地坚硬、无裂纹的大块花岗岩,先将其粗略加工为接近球形的外形,再在石头内部凿出一个"药室":开口直径一般在1至1.5寸之间,深度约为石块厚度的一半到五分之三。药室凿成后,装入炸药,填充量为药室深度的一半至三分之二不等,最后安装引信,并用黄土夯实封口(图1-15)。石雷爆炸时能产生巨大的冲击力,飞溅的石块犹如锋利的弹片,对敌人具有很强的杀伤力。

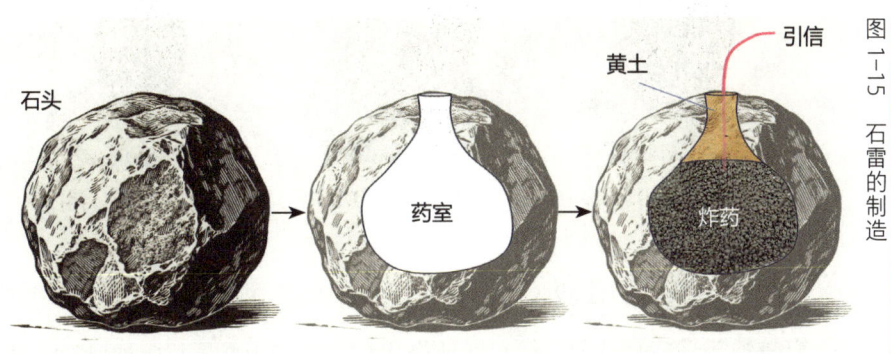

图1-15 石雷的制造

这种简易但实用的石雷,不仅大大降低了对工业材料的依赖,更体现了军民在极其艰苦条件下的卓越创造力与灵活的应变能力,也让"没有条件,就创造条件"的精神,深深植根于抗战兵工的脑海。

太行山地区的军民制造了大量石雷(图1-16),并留下了歌谣:

一块青石蛋,当中凿个眼;装上四两药,安上爆发管;黄土封上口,弦子拉外边;事先准备好,到处都能安;鬼子来扫荡,石雷威力显;炸死大洋马,

图1-16 村民在制造石雷

留下机关枪；保卫老百姓，保卫公私粮；石雷真顶事，大家赶快装。

在一些村庄，人们一有时间就制作石雷，当时的山上山下、沟里沟外，"叮叮当当"的敲击声响成一片。

下面是抗日战争时期各抗日根据地生产的石雷和陶雷（图1-17）。

除了石雷，不同地区的军民还因地制宜，广泛采用陶器、瓷器等常见材料，制作出陶雷、瓷雷等多种类型的"土地雷"。它们形态各异、做工粗糙，但都具有强大的实战功能。

图1-17 不同地区的石雷和陶雷

胶东根据地生产的石雷　　晋绥根据地生产的石雷　　菠萝形陶制地雷

为了提升地雷的作战效果，各抗日根据地还在引信技术上下足了功夫。尽管缺乏现代化器材，但军民依靠极其有限的资源，利用撞针、弹簧，甚至废弃灯泡等简易装置，实现地雷的触发功能。

土法制作的武器总是存在很多问题，为了改变这一状况，抗日根据地的军民凭借着智慧与勇气对武器进行了多次改进。起初，地雷构造相对简单，触发机制不够灵敏，容易被日军提前察觉、拆除。为改变这一状况，抗日军民不断动脑筋，推进地雷技术革新。如通过改进引信结构，使地雷触发更加隐蔽、灵敏，大大提高了成功率，降低了失效风险。

为适应复杂多变的作战环境，他们又进一步研制出拉发雷、跳雷、压力雷等多种新型地雷。拉发雷便于在短距离作战中使用，由战士手动控制引爆时机，精准打击目标；跳雷则在触发后弹跳至空中爆炸，扩大杀伤半径，在敌群中造成更大杀伤；压力雷感受不同的压力爆炸，日军驱赶绵羊开路，绵羊重量轻踩上不炸，日军踩上则炸（图1-18）。

这些改良后的地雷让日军防不胜防，吃尽苦头，有效遏制了敌军的进攻节奏，为根据地争取了宝贵的生存与反击空间，也为抗战胜利做出了不可替代的重要贡献。

图 1-18 日军驱赶绵羊开路

地雷战，已不再是简单的爆破战术，而成为人民战争中最富创意的战法之一。

2 尿液造火药

地雷，离不开炸药。而在抗战时期的敌后抗日根据地，条件异常艰苦，高质量的工业炸药极为匮乏。面对这一困境，军民没有退缩，而是土法上马，自行研制炸药，以最原始的方式支撑起地雷战的火力基础。

在冀中根据地，地雷所用的炸药大多是以木炭、硫黄和硝石调配而成的黑火药。其中，硝石（主要成分为硝酸钾）是关键原料，而提取硝石所需的"硝土"，在物资极端匮乏的背景下，竟是靠从尿液中提炼出来的。这一看似不可思议的制药方式，凝结着抗日军民的非凡智慧。

硝石整个制作工艺流程包括四个步骤：

（1）收集与发酵；（2）沉淀与过滤；（3）蒸发结晶；（4）重结晶提纯。

就是这样一套看似简陋、实则科学的"土法制硝"工艺，成为抗日根据地自制火药的核心技术（图1-19）。人们把日常生活中最常见的东西变废为宝，将尿液炼成硝石，将黑火药填进雷壳，让看似不起眼的地雷成为打击侵略者的致命武器。

在自制硝石、解决原料问题之后，抗日根据地的军民还需面对火药

图 1-19 提炼硝石

配制过程中的另一项关键难题——成分比例的精准掌握。抗日根据地的军民在实践中，摸索出各成分的合理配比"一硫二硝三木炭"，制造出了黑火药。其中的一、二、三是反应物分子系数，折算成质量比是硫约 10%、硝酸钾约 75%、炭约 15%。火药反应的化学方程式是 $S+2KNO_3+3C \rightarrow K_2S+N_2\uparrow +3CO_2\uparrow$。

火药燃烧的过程也很简单，硝酸钾在高温条件下分解释放大量的氧气，可以使得木炭和硫黄剧烈燃烧，瞬间产生出大量的热量和氮气、二氧化碳等气体。所以火药的关键在于硝石，它提供了大量的氧气帮助燃烧。硫黄的易燃是控制火药燃烧快慢的关键，硫黄越多，燃烧越快，则气体和能量释放越快，这就是火药能够爆炸的关键。而木炭是控制火药燃烧平稳的关键，木炭越多，燃烧越平稳，燃烧越慢，释放的能量越低。

正是在这样的技术探索与科学实践中，抗日根据地的军民不仅掌握了黑火药的基础制造技术，还形成了一套切合实际的生产体系。这些看似"土法"的经验，实则凝结了严谨的观察力、实操智慧与民族抗敌意志，为地雷战提供了最坚实的基础。

3 "滚珠地雷"定点炸

在地雷战的发展过程中，不仅地雷的种类不断丰富、材料来源不断拓展，其引爆机制也经历了从原始到精巧的跨越。"滚珠地雷"便是这一创新背景下的产物。

"滚珠地雷"专门炸特定的车厢。有时日军为了避免军列被炸，把军列与普通旅客列车混装，此时如果炸整列车就会危及普通百姓。为了解决炸火车特定车厢的需要，采用滚珠控制击针的办法，在击针上加装滚珠控制装置，研制出了炸特定车厢的"滚珠地雷"。

关于"滚珠地雷"的具体结构，目前虽暂无技术图纸，但根据战时记载与部分老战士口述回忆，推测其结构和基本原理如下：该地雷引信由一块设有弹簧机构的木板构成，木板上排布若干钢珠，板下则连接导线和击针（图1-20）。关键在于钢珠的逐颗滚落机制：随着火车驶过铁轨所带来的有节奏震动，每颗钢珠依次越过木板上的阻拦装置落入引爆通路。当最后一颗钢珠滚落，弹簧使木板上升，击针接触铜片，电路闭合，地雷被引爆。

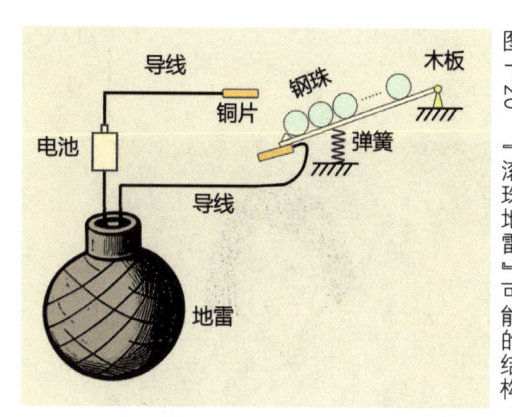

图1-20 "滚珠地雷"可能的结构

这种机制的巧妙之处在于其"记数"功能：只需提前计算从车头到目标车厢经过的铁轨数，便可通过配置相应数量的钢珠，实现精准打击特定车厢。这需要战前情报人员及时通风报信提供目标车厢信息，地雷操作人员调整钢珠的数量，军民密切协作，形成一整套"智斗鬼子"的实战体系。

4 头发丝雷

最妙也最精巧的地雷之一，当数"头发丝雷"。

据中国人民革命军事博物馆研究员介绍，这种地雷采用经过桐油处理的女性长发作为触发引线，坚韧纤细、几乎隐形。不注意时几乎难以察觉，却能极大提高引爆成功率。"头发丝雷"是一种灵敏度极高、防拆效果极强的战场利器。

关于头发丝雷，还有一个流传甚广的小插曲。在电影《地雷战》中，主人公赵虎灵机一动，想到用一缕柔韧的头发连接一根伸缩力极强的橡皮筋，利用橡皮筋的瞬时拉力触发地雷爆炸。当他向民兵玉兰索要几根头发时，玉兰误以为赵虎"别有用心"便拒绝了。赵虎情急之下，只得偷偷揪了几根。

地雷试验成功后，一位民兵打趣道："我看这雷有问题。""什么问题？""你看，这么长的头发，哪来的？"

图1-21 剪下头发造地雷

后来，当玉兰明白赵虎索要头发的真正用意后，钦佩不已，毅然剪下整条长辫，亲手交给赵虎用于制作地雷（图1-21）。在这样的支持下，赵家庄的地雷战迎来了新一轮战果的突破。

尽管电影情节经过艺术加工，但研制出"头发丝雷"确有其事。它不仅体现了地雷战中极致的技术巧思，更饱含着人民群众尤其是妇女们对抗战事业的真情支持与深情奉献。在这场全民族动员的人民战争中，每一根头发丝都有可能成为击垮侵略者的最后一根"引线"。

5 反探测地雷

日军并不甘心被地雷袭击。早在1941年，日本陆军便在原有性能落后的九八式、百式地雷探测仪基础上，启动了新型地雷探测设备的研发。为应对游击队广泛使用的非金属壳体地雷，新设备被要求具备更高的灵敏度。为此探测线圈改为更大直径，并配备改良电磁感应系统，日军工兵部队戏称这种装备为"天眼镜"。

作战中，日军一般会以多名工兵呈倒三角队形通过雷区，一次开辟一条较宽的道路（图1-22）。在游击队活动的区域作战时，除了在行军队列前方设置多名工兵外，日军也会尽量派出工兵对路旁的沟壑进行排雷，防止遭到突袭时被赶入预设雷区。

图1-22　日军工兵扫雷

然而，有矛就有盾。敌人装备先进，八路军和民兵就用更智慧的方式破解。尽管日军不断提升地雷探测能力，但仍常常陷入地雷的火网之中。八路军军工部早已预见日军将使用工兵进行排雷，因此有针对性地研制出多拉火式反工兵地雷。

据当时参与设计的石成玉回忆，这款反工兵地雷的灵感源于日军的一次挑衅。当时，日军在拆除八路军布设的制式铁雷后，竟在现场留下一张字条，讥讽嘲笑八路军技术"不过如此"。此举激怒了八路军军工人员。石成玉与大家研究，在地雷底部增设弹簧击针装置，凡是试图挖除或搬动地雷的工兵，都会触发击针，当场引爆。此后，这类多触发装置的反工兵地雷在冀中广泛推广，因其装有多个引信，犹如满脸胡须，被民兵称为"胡子牌地雷"。

但狡猾的日军并不会善罢甘休。他们在吃过反工兵地雷的亏后，又想出新招：首先，对发现的地雷不再立即拆除，而是标记下来，等队伍撤退到安全区域后，再远程拉拽引爆；其次，驱赶老百姓蹚雷。为应对这些新伎俩，民兵们迅速研发出更具反制效果的战术地雷。电影《地雷战》中出现的"前踏后炸雷"，便是当时民兵根据实战经验专门设计出的新型战术雷，用于应对敌人惯用的试探与诱爆手段。

发明思维大讨论

在抗日战场上,广大军民并非依靠现成武器装备与强敌抗衡,而是依靠源源不断的创造力,发明简易却高效的武器,击溃装备精良的日军。地雷战的发明与演变,正是一场人民智慧与工程思维深度结合的技术革命。

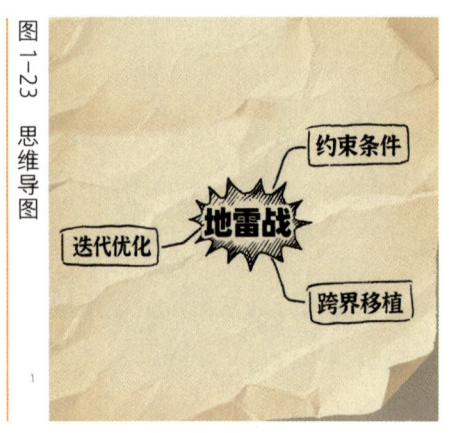

图1-23 思维导图

从地雷战的诸多技术演变与思维模式中,我们可以绘制出一张极具价值的"抗战创新思维导图"。这不仅是回顾历史的线索,更是对解决未来新问题的启发。地雷战中的诸多创新成果,完全可以从三个重要维度进行系统解读:约束条件、迭代优化、跨界移植(图1-23)。

"约束条件",是解决实际问题需要考虑的限制。如果设想很好,但是由于各种限制不能实现,就是空想。因此一定要结合当时的条件,考虑解决的方案。例如,抗日根据地当时没有制造铁地雷的条件,就制作石头地雷、陶地雷、瓷地雷。

"迭代优化",是解决问题中必须经过的过程。由于技术限制,土法制造的地雷存在很多问题,需要通过多次的修改,积累经验,最终达到可以使用的目的。例如,空中飞雷、跳雷都要考虑很多因素,逐渐在试验中完善。

"跨界移植"，是从不同的视角考虑问题，得到启发后再处理面临的问题。例如，把狩猎装置用于地雷的抛射。

在今天这个技术迅猛发展的时代，每一个重大攻关项目、每一次技术瓶颈的突破，都是一次"现代地雷战"。如果我们能像先辈一样，掌握更多的发明方法，灵活从"约束—迭代—跨界"三个维度思考，就一定能够突破困境，攻克"隐形地雷"般的技术难题。

地雷战的故事，不仅是战争年代的智慧传奇，更是一部永不过时的创新范本。

发明的方法从来不是封闭的，它具有天然的可迁移性。正如地雷战中的发明来自捕兽夹、刻漏等日常用品的灵感，我们也可以在当代生活中，发现许多源自相同原理的同源创新。从生活走向战场，再从战场回归生活，技术的脉络在流动中彼此呼应、持续生长。正是这种跨越边界、不断迁移的发明能力，构成了人类文明最持久的创造张力。

创新迁移前景广

从发明创造的角度来看，大部分创新往往源自模仿与迁移。它不是凭空产生的奇思妙想，而是从已有物品、经验或原理中获得启发，跨越场景、跨越功能，将其应用到新的领域之中（图1-24）。在抗日战争的地雷战中，无数这样的

图1-24 不同事物的关联

迁移创新，成为了决定战局的关键力量。

从用地雷消灭敌人，到用紫外线消灭蚊子，两个看起来毫不相关的事件，从发明的角度看，都有异曲同工之处。有这样的思维，就容易在面对困难时，找到巧妙的解决方案。

1 从跳雷到延时装置

赵守福受捕兽夹（图1-25）启发设计了跳雷。

从技术角度看，老式捕兽夹的原理与现代键盘、鼠标的按键结构有异曲同工之妙：内部都有弹簧系统，通过按压产生形变并释放能量（图1-26）。不同的是，鼠标的弹簧极为轻盈，而捕兽夹则蕴含着强大的动力。

图1-25 捕兽夹

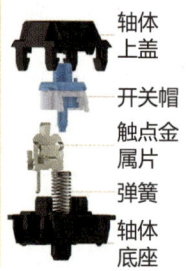

图1-26 鼠标的按压键

赵守福的这一发明，正是典型的"以身边之物，解迫切之需"。像他这样以农具、生活器物为基础，进行结构创新和功能改造的创造性实践，在抗日根据地极为常见。这种把日常物件转化为战斗武器的能力，正是抗战时期人民群众在极端困境中迸发出的生存智慧与技术潜能的真实写照。

还有另外一种原理不同的"跳雷"，其正式名称为"跳炸式地雷"，是一种专为反步兵设计的高效地雷。它由两部分构成：抛射药和主装药。敌人触发引信后，抛射药率先爆炸，将雷体抛至半空，随后主装药在空中炸裂（图1-27）。这种空中爆炸的方式，大幅扩大了杀伤半径，突破了传统地雷仅能对地面目标造成伤害的局限。

在抗战中,军民们发展出了简易版的"空中跳雷":在地雷底部装一块木托,再放置少量抛射药。当敌人踩中地雷,引信点燃抛射药,雷体腾空而起,而引信在延迟片刻后引爆主装药,使得地雷恰好在空中爆炸。当日军大摇大摆地行进时,触发了跳雷的引信,只听"轰"的一声巨响,雷体腾空而起,瞬间化作无数弹片,像雨点般射向日军士兵。日军被炸得血肉横飞,队伍瞬间大乱。

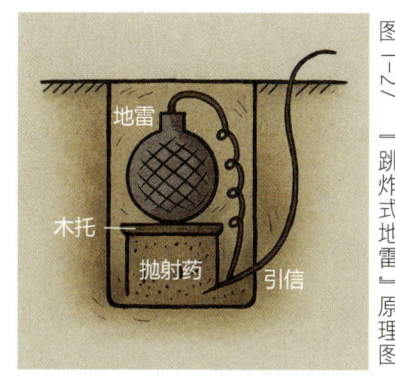

图 1-27 "跳炸式地雷"原理图

这项设计看似简单,实则考验严密的力学与爆破计算:抛射药药量太少,地雷弹不起来;药量太多,又可能提前引爆、损坏结构;引信延时太短,雷仍在地面爆炸;延时太长,则给敌人躲避的时间。木板的厚度、埋设的深度、风速、地形等变量,都在一次次实战与试验中不断被调整优化,最终形成稳定的武器系统。这正体现了"迭代优化"在发明中的关键作用。

跳雷的延时设计不仅提升了爆炸效率,也催生了更多延时装置的开发与应用。根据史料记载,当时军民还发明了一种"动发地雷",又称"扳不倒":在雷体中放置一瓶硫酸或一层蜡纸,轻微晃动或翻转便会导致液体倾倒,引发化学腐蚀,触发引爆。而另一种被称为"仙人脱衣牌"的地雷,则通过设置双层壳体与内藏击针,诱使敌军在拆解时触发爆炸。在电影《地雷战》中,就有民兵利用这种结构"反追踪",把带回地雷研究的敌军炸得粉碎。

这一"从跳雷到延时"的发展逻辑,展现的不只是战术上的精巧,也是一种可迁移的系统工程思维。这种思维在今天依然活跃于各行各业,并已渗透我们生活的每一个角落。

例如，现代工业控制中广泛使用的延时装置，本质上就是控制系统中的"引信"机制：通过物理或电子手段，控制一个信号、动作或事件的延迟触发。在工业自动化生产线中，机械臂会等待工件到达并稳定后再进行抓取，这种延迟往往精确到1毫秒，肉眼几乎察觉不到，却极大提升了系统运行的稳定性和效率（图1-28）。在洗手间的感应水龙头中，短暂的延时可以避免手部位置未调整好就出水，造成飞溅（图1-29）。

图1-28 工业自动化生产线

图1-29 感应水龙头

从"跳雷"中的延时爆破，到今天的自动化延时控制；从战场上的生死一线，到生活与工业中的精准时机控制，发明的路径在迁移中生长，技术的逻辑在时代中延展。

2 从诡雷到伪装技术

为了提高地雷的命中率与作战效率，抗日军民不仅在地雷结构上不断创新，也在伪装与心理战术上下足了功夫。他们善于运用障眼法、虚实结合等策略，将"炸与不炸"的博弈推向极致。

在实战中，民兵们往往会在空地上故意制造"假雷区"：挖出浅坑、留下脚印、摆放扰敌标记，营造出"此地有雷"的假象，让敌人避而远之。而真正的地雷，则被巧妙伪装于不起眼的石头下、草丛中、泥土里，或用树枝、干草覆盖，与自然环境浑然一体（图1-30）。一些地雷甚至直接被雕刻成与地形一致的石头，甚至嵌入枯木之中，做到"雷在人不觉"，真正实现了"埋而不露"。

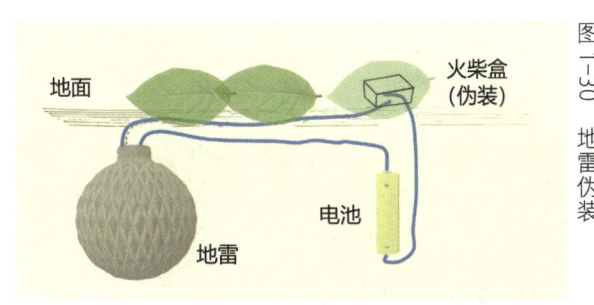

图1-30 地雷伪装

1943年，山西省沁源县民兵在与日军作战中，为破解日军新式探雷器，想出一项极具创造力的干草迷阵策略。他们在道路沿线大面积堆放干草，一方面扰乱日军视线，使其难以判断何处布雷，另一方面干草本身也削弱了探测器的感应效果。结果，日军士兵在这些路段上畏手畏脚，反复试探，行军速度大大放缓，有效打乱了敌人的进攻节奏。

在冀中蠡县三区，民兵们为了迷惑敌人，发动儿童团在抗日根据地内挖了数千个土坑，有些土坑中埋有地雷，有些则没有。同时，他们还大造舆论，宣称"某某村埋雷数千"。敌人得知后，进入抗日根据地时变得畏首畏尾，小心翼翼。敌人用牛拉着石磙、铁耙开道，后面的人马则时刻注意脚下，高抬慢落，踩着前面的脚印走，一天下来走不了几里地，行动受到了极大限制。这种虚虚实实的战术，让敌人摸不着头脑，不仅让敌人疲于奔命，而且对敌人在心理上造成持续震慑。

图1-31 变色龙

这些实质上构成了早期的伪装技术体系，其核心逻辑可归纳为"反侦察—欺骗"的动态博弈。伪装，不仅是隐藏目标，更是制造错觉，引导敌人做出错误判断。隐于环境是一种最自然的伪装技术。像变色龙（图1-31）、章鱼（图1-32）

图1-32 章鱼

都可以快速变化身体的颜色，与环境融为一体得以自保。

伪装的反面案例亦值得借鉴。英军曾在 18 世纪至 19 世纪间广泛穿着红色制服，象征荣耀，却成为枪林弹雨中最醒目的目标，人们戏称英国士兵为"龙虾兵"。在北美独立战争与布尔战争中，红制服导致英军伤亡率分别高达 38% 与 40%。二战后，各国军服普遍摒弃鲜艳色彩，转向更能融入环境的迷彩图案，以提高士兵的隐蔽能力与生存率（图 1-33）。

图 1-33 迷彩服装

从"诡雷"的局部心理战，到现代伪装的整体作战体系，抗战时期民兵所创造的种种战术思维，不仅增强了当时的作战效果，也启发了后世对于伪装、欺骗与信息战的深入探索。他们用朴素的材料，演绎出复杂的战术逻辑，这是人民战争中最宝贵的技术财富之一。

3 从压力触发到感知系统

地雷的核心原理，往往源于最简单却最精准的触发机制——压力或磁性感应。只需极微小的外力作用于导线或引信装置，系统便会瞬间识别并引爆，实现目标打击。

在抗战时期，游击队员还将这一原理延伸至水雷布设。为了封锁敌方河道、港口和通航线路，他们发明并部署了多种水雷。一类为触发式水雷，依靠物理接触，当敌船碰撞水雷本体时便会引爆；另一类则更为先进，采用磁性感应引爆装置，当金属船体靠近时，磁场变化触发引信，实现自动爆炸，大大提升了布雷的效率与命中率。

二战中最初的防空炮弹多采用接触引信，必须直接击中飞机才会爆炸，命中率极低。为提升打击效率，美国研发出无线电近炸引信，利用电磁波自动探测飞行器距离，当炮弹接近目标，在一定范围内便自动引爆。此项技术在太平洋战场对打击日本飞机效果显著，不仅大幅提升命中率，还显著减少了弹药消耗。

无论是地雷、水雷，还是近炸引信炮弹，它们背后的逻辑本质都是系统感知外界变化，并做出即时响应。这一基本原理广泛存在于自然界与工程系统中：

- 地雷作为一个武器系统，感知到压力变化（导线被踩），立即引爆（触发行为）；
- 野兔在感知到捕食者靠近后，立刻转身逃跑；
- 超市自动门探测到人体热源或移动信号后，自动开启。

这种"感知—判断—执行"的反馈模式，成为现代智能系统设计的核心逻辑。正是基于这一原理，现代各类传感器得以广泛应用于安防、制造、交通、医疗等领域。每一个传感器负责感知特定的物理量变化（如光、热、压力、声音、气体、运动等），一旦检测到阈值变化，系统便触发后续行为。

当多个传感器组合在一起，配合执行器与控制逻辑，就构成了具备自主感知与决策能力的机器人系统。这正是从最初的战争工具到现代智能科技发展的路径缩影。

地雷的"触发"不只是爆破的起点，更是系统响应原理的早期应用范式。当我们理解并掌握了这一原理，便能在当代技术世界中继续"触发"出无限的创新可能。

4 从临时挂弦到保险开关

在地雷战中，会不会来不及埋地雷？提前埋地雷会不会炸着自己人？游击队员们采用了一种方法：不见鬼子不挂弦。

所谓"挂弦",即是在地雷完成布设的最后一刻才连接引信或触发装置,使其具备爆炸能力。这一操作就像为地雷安装了一个"保险开关",在尚未确认敌人出现时,地雷处于"休眠"状态,极大降低了误伤己方的风险。

为此,在敌人据点附近或者交通路口的制高点,游击队员安排了以各种身份作掩护的暗哨,村民或民兵伪装成放牛娃、砍柴人等,暗中观察敌军动向,用"消息树"随时传送日寇出动的消息(图1-34)。一旦发现日本鬼子或者伪军出来了,消息会很快送出去。如一号哨位发现鬼子的去向,就推倒身边的"消息树",远处的二号哨位见"消息树"倒了,再推倒第二棵"消息树",以此类推,如此一路"倒树传讯",可在极短时间内将敌情传至数十里外。

图 1-34 "消息树"传信息

消息传出后,各村庄迅速组织分流:一部分民兵掩护村民撤离,另一部分民兵则分组展开埋雷作业(图1-35)。通常三至五人一组,分片负责,并在每个雷点做上隐秘标记。若敌人最终没有前来,便将引信移除或将雷收回,因此误伤基本不会发生。

图 1-35 民兵分片负责埋地雷

后来,这一策略进一步演进为"雷不动,弦不挂"的常态化操作,使地雷布设更具灵活性与安全性。

这种"挂弦即启，拔弦即止"的设计原理，本质上就是一种早期的安全机制。类似的安全思维广泛应用于现代技术之中：

● 在枪械制造中，保险装置可以防止误触扳机导致走火；

● 在电路系统中，开关或保险丝的作用，正是控制电流的通断，保障系统在适当时机才启动。

由此可见，在地雷战中这些看似简易的发明，其背后实则包含着深刻的系统工程思维。它们通过逻辑上的"延迟启动"与"条件触发"，实现了效率、安全与战术灵活性的完美结合。

5 从"变一变"到系统的发明方法

创新就要变一变。"爆破英雄"李混子作战最大的特点，就是善于因地制宜、应变制敌。他总能根据战场环境灵活调整战术，在有限条件下，通过微小改变实现关键突破。他的每一项发明，虽不复杂，却都充满了出人意料的巧思与战术洞察。

以他发明的"自拉火枪"为例，虽然构造简单，却体现了一种创新思维的跃迁。原本哨兵需要亲自扣动扳机才能开火，而李混子通过一根绳子的巧妙设计，将扳机与敌人行进路线相连，敌人自己触碰绳索，反而成了帮八路军"开枪"的人。这就是发明中典型的"变一变"策略：不改变原理，只是改变触发方式，便能产生新用途。

再以他设计的一款"化学引爆地雷"为例（图1-36）。为消灭日军工兵，他故意设计了一个"易取"的地雷，诱使日军工兵上前拆除。而雷内则

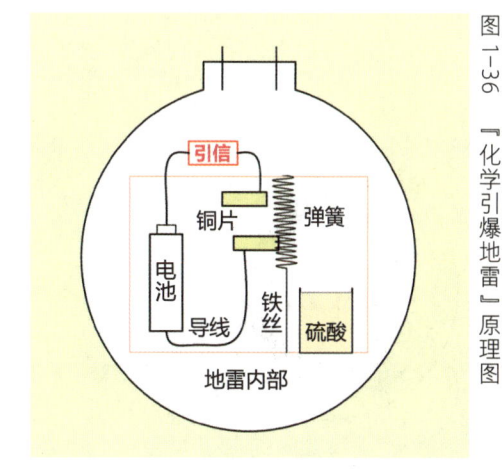

图1-36 "化学引爆地雷"原理图

藏有一小瓶硫酸，外部则用细铁丝固定引信装置。只要日军工兵稍一晃动，硫酸便会洒出，腐蚀铁丝，弹簧使铜片接触，引信随之接通，地雷爆炸。

从发明创造的角度看，这种设计的巧妙之处，在于改变了引爆的逻辑条件：从物理触发转为化学腐蚀，且具备延时性。故意暴露地雷让日军工兵取出，日军工兵只想着不接触地雷的引信，却想不到在取出地雷时会微微晃动洒出硫酸，硫酸腐蚀铁丝会适当延时，为消灭围观的日军工兵创造条件。

李混子的创新不是凭空想象，而是从日常经验中挖掘灵感，从已知现象中提炼机制，再结合实际需求进行微调与组合。这种善于改变、灵活组合、跨界迁移的能力，正是他成为爆破英雄的根本所在。每一次"变一变"，都是一场微创新；每一次爆炸的背后，都是人民智慧在战火中的闪耀。

这些技术细节虽然诞生于战火纷飞的年代，却在现代技术体系中依然找得到它们的身影。这也提醒我们：真正的创新不一定需要高科技，而是来自对问题的敏锐观察，对已有现象的巧妙重组，以及在有限条件下寻找最合适解决方案的能力。

在地雷战中，这种从实用中产生的发明之道，早已超越战争本身，成为一种可迁移的创新思想，值得我们反复体会与借鉴。

现代，人们更加重视发明创造，也总结了一些经验。在第七章中，总结了12种适合中小学生的发明方法。也有更专业的发明方法，就需要更多知识储备。例如，TRIZ（俄文"发明问题解决理论"的首字母缩写）发明方法（图1-37），由苏联发明

图1-37 TRIZ发明方法

家根里奇·阿奇舒勒创立。

阿奇舒勒通过研究全世界逾 200 万件专利，发现发明背后的模式，从而形成 TRIZ 理论的原始基础。该理论揭示了创造发明的内在规律与原理，是成熟且实用的创新方法学。

TRIZ 的核心思想主要体现在三个方面：其一，无论是简单产品还是复杂技术系统，其核心技术发展都遵循客观的进化规律和模式；其二，各种技术难题、冲突和矛盾的不断解决是推动技术系统进化的动力；其三，技术系统发展的理想状态是用尽量少的资源实现尽量多的功能。

为实现这一目标，TRIZ 提供了一系列工具。比如冲突矩阵，它能在解决类似矛盾时成功应用过去的创新原理，为解决当前问题提供参考；40 个创新原理，如分割、合并、不对称等，为解决技术矛盾提供了具体策略；物-场分析则聚焦于系统各组件间的关系，帮助找到改进机会。

TRIZ 理论纵向发展的流程，连接机构从机械到场的发展历程，与键盘的发展历程相似（图 1-38），由此可见技术模式在不同的领域会重复出现。因此可以参考借鉴其他领域的产品，处理自己面临的问题。

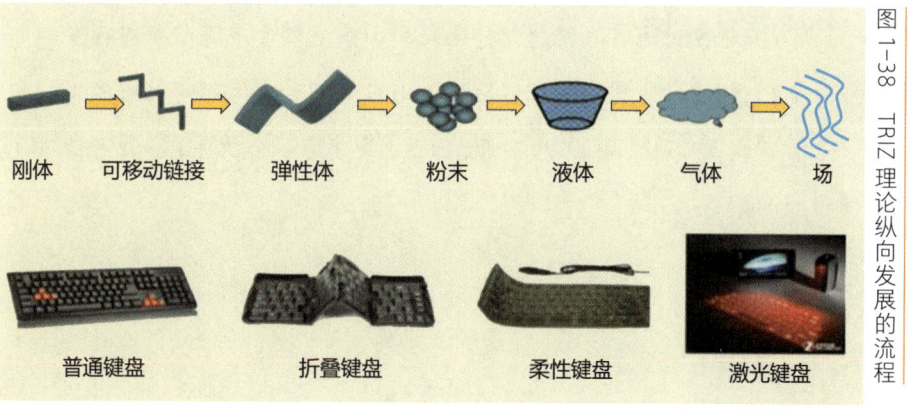

图 1-38　TRIZ 理论纵向发展的流程

下面来看几个应用 TRIZ 的案例。

在医疗行业，传统临时石膏的固定方法存在透气性差、易潮湿的问题。

通过 TRIZ 理论，识别出固定性与透气性的矛盾。解决办法是在石膏内部添加一层吸水性材料，这样既保持了石膏干燥，又提升了透气性，不仅提高了患者的舒适度，还加速了骨折愈合。

在汽车工业中，某企业装配工序效率低下，工人工作量大。该企业运用 TRIZ 原理，从操作简便性和装配稳定性出发，引入新装配工具，并简化装配工艺，将可使用相同工具的零部件统一装配，提高了装配工人的效率。

航空工业也不乏 TRIZ 的成功应用。传统飞机设计结构复杂、维护困难。运用 TRIZ 的局部质量原理，将飞机不同部分转化为异构结构，提升了结构强度，同时在机翼设计中采用复合材料替代传统金属材料，减轻了重量，不仅提升了飞机的安全性能，还降低了维护成本。

这些案例充分展示了 TRIZ 在解决实际问题、推动创新方面的强大功能，通过识别冲突、应用原理和方法，能提出创新解决方案，实现系统的改进和优化。

附注：更多地雷战方面的资料参见

（1）赵疃村地雷战纪念馆，地址：山东省烟台市海阳市赵疃乡。

（2）赵疃村地雷战遗址，地址：山东省烟台市海阳市赵疃乡。

（3）电影《地雷战》（唐英奇、徐达、吴建海联合执导，1962 年上映）。

第二章

地下堡垒

地道战

地道好，地道妙，

打了敌人钻地道。

明里打，暗里挑，

消灭敌人最可靠。

鬼子气得干瞪眼，

抗日军民哈哈笑。

这首抗战时期民兵编唱的顺口溜，生动诙谐地道出了地道战的神奇之处。每当敌人进村"扫荡"，民兵们便隐入地道，待敌人稍显松懈，便从四面八方、出其不意地发动反击，打得敌人晕头转向、狼狈不堪。

地道战，是游击战的一种战法，是在中国共产党领导下，广大抗日军民因地制宜，在极端艰苦的条件下所创造的。面对敌强我弱、装备简陋、地形平坦的严峻现实，他们隐于地下，以灵活机动、攻守兼备的战法，在抗战中发挥了不可替代的作用。

抗战进入相持阶段后，日军逐渐改变策略，集中大部分兵力和几乎全部伪军，对抗日根据地展开大规模"扫荡"。敌后战场成为抗战主战场之一，冀中军民掀起了一场艰苦卓绝的反"扫荡"与反"蚕食"斗争。

冀中地处华北平原，无山可依、无险可守。在这种不利地形下，广大抗日军民充分发挥主观能动性，创造条件，用人力重塑地形，使广袤平原化身为可攻可守的战场，地道战由此诞生，并迅速在整个冀中抗日根据地铺开。地道战最早萌芽于蠡县，旋即在冀中平原星火燎原般推广开来。

在典型战例中，游击队接到情报：敌军即将进村。民兵迅速隐入地道，待敌人进入村中搜索无果之际，游击队却已悄然穿行至其后方，从隐蔽的地道口或射击孔中突然发动攻击，使敌人惊慌失措，瞬间溃乱。偶尔敌军夜里来偷袭，也会遇到地道入口附近专门设置的鸡窝或羊圈，鸡羊受惊后发出的叫声就是报警，游击队立刻做出反应。

1945 年 4 月 1 日，日伪军纠集 500 余人气势汹汹扑向冉庄。敌人自以为胜券在握，因为村中仅有 20 余名民兵，其余皆为平民。然而，刚到村口便遭遇伏击，13 名日伪军当场倒下。敌人恼羞成怒，却遍寻不见民兵踪影，原来民兵早已藏匿于地道之中，密布的枪眼遍布墙体，使敌军陷入处处挨打的境地。

6 月 20 日，日伪军再度纠集千余人进攻冉庄。30 多名民兵先在村外阻击，随后迅速撤入地道，通过瞭望孔观察，发现有一群日伪军正在东侧破坏地堡，于是立即拉响地雷，数名日伪军当场毙命。同时，藏身于暗室、高房工事的民兵纷纷开火，击毙击伤敌军 29 人。敌人仓皇撤退。

三日后，日伪军卷土重来，兵力增至 2000 人，率先以迫击炮猛烈轰击村内，步兵随后突入。当敌人踏入村门之际，触发由水壶、铁桶等器具制成的地雷，多人被炸身亡。敌军进入村中却发现空无一人，只得四处搜索、盲目扫射。当大批敌军踏入村北布雷区时，埋伏在暗室中的民兵迅速引爆地雷，敌军伤亡严重。此次激战持续 13 小时，冉庄民兵仅一人轻伤，击毙敌军 33 人，成功将其击退。

如此战例，在冀中层出不穷。正是这一场场"地下反击"，标志着地道战战术的成熟与成功。冀中地道战不仅成为抗日军民对抗强敌的有效手段，更以其实用性、隐蔽性和灵活性，迅速在平原地区推广开来。

地道战，是冀中平原军民在中国共产党领导下的一项独创性军事策略，是坚持平原游击战争、打赢抗战的重要作战形式之一。在看似一马平川、无险可守的土地上，冀中军民用智慧与双手，挖出了一条条隐秘的"地下长城"。

地道战的意义在于：

（1）地道战是人民战争战略思想的生动实践。全民参与地道战，将普通民众转化为战斗力量，构建起军民一体的抗战体系，极大地增强了敌后抗战的群众基础与战斗韧性。

（2）地道战重塑了敌后战场的战略格局。纵横交错、隐蔽复杂的地道网络，削弱了日军在地形与装备上的优势，化被动为主动，实现了灵活机动的游击战。

（3）地道战有利于保存抗日军民的有生力量。地道攻守兼备，能够保存军民力量，转移隐蔽物资；牵制敌人主力，配合正面战场，有效消耗了敌人的有生力量，迟滞了日军的侵略步伐，成为钳制日军行动的重要力量。

（4）地道战有效地打击了日军，极大鼓舞了抗日军民的士气。地道战彰显了中国人民不屈不挠的抗战精神，打破了日军不可战胜的神话，为抗战胜利奠定了坚实的精神基础与战略支撑。

烽火英雄

★

"神出鬼没"刘傻子

刘傻子（图2-01），1916年9月27日出生在河北省正定县高平村。

在那个年代，农村有个讲究，叫"好孩儿孬名"，取个"贱名儿"图个平安。父母给他起了个土得掉渣的名字："傻子"。可他一点儿也不"傻"，身材高大，肩膀宽厚，圆脸大眼，机灵爽快，是村里出了名的"热心肠"。谁家有了急事难事，总爱找他搭把手。

图2-01 刘傻子

"七七事变"爆发后，日寇大举入侵，战火烧到了冀中大地。高平村四周很快被敌人占领：日军在西边的韩家楼、同下村，西北方向的后塔底，东南的上曲阳，东北的傅家村，纷纷设起据点和炮楼；南面的正（定）灵（寿）公路则成了敌人运输补给的要道。

侵略者烧杀抢掠，无恶不作，十里八村炊烟断绝，三家五户新坟连片，一时间哀鸿遍野。21岁的刘傻子目睹国破家亡，心中燃起悲痛与怒火："要报仇，要向鬼子讨还血债！"他义无反顾投身抗战，积极响应党的号召，于1940年加入高平村民兵游击小组，并担任小组长。

战斗一场接一场，血与火的淬炼让他迅速成长。他不仅在枪林弹雨中磨炼了意志，也在党的教育下不断提高思想认识，坚定了抗战信念。

1942年2月，刘傻子正式加入中国共产党，并担任村党支部书记。在他的带领下，最初只有11人的民兵队伍迅速发展壮大，扩编为50余人的民兵中队，而他也顺理成章地成为中队长。

1 带领村民挖地道

1942年冬，刘傻子带领高平村的乡亲们开始动手挖掘地道。仅一个冬天，他们就打通了三条通往村外的地道干线。到1943年冬，地道系统初具规模，全村共建成六条主干道，支线则延伸至家家户户，纵横交错、四通八达，地道总长度已超过15公里。

按照部署，地道每隔十丈设一处通气孔，每十户设一个地道出口，每个出口由一名民兵专门负责。为防敌军发现，地道口和通气孔均巧妙隐藏于碾盘下、锅腔内、炕洞里、牲口槽底甚至水井中。一个废弃的牲口槽、一口老井或一块碾子下，随时可能蹦出手持武器的民兵，出其不意地打敌人一个措手不及。

村外的地道口也因地制宜，隐藏于沟渠、树丛、井壁，或伪装成坟堆，隐蔽性极强。更令人称道的是，各地道口均配备"三防"装置（防烟、防毒气、防水）。地道内部还设置有陷阱、哨位、指挥部、瞭望孔，甚至建有简易的地下兵工厂。考虑到敌人可能投毒或施放烟雾，村民们还在地道中设置"反口"，只需将反口的木板一合，整条地道便分为两段，实现隔离保护。村民们还设计了暗道，如果敌人放水灌地道，可以通过暗道把水送到水井中（图2-02）。

图2-02 地道的"三防"示意图

地道内设有大量瞭望孔，但全部巧妙掩藏，最大的也不过砖头大小。民兵可通过这些微小的孔洞，悄无声息地观察敌情，一有机会便精准出击，做到"神兵天降"。

村民们还将地道与地面建筑融为一体，与住房、街巷、围墙、庙宇乃至树干连接，挖通了排气孔、拉雷孔、射击孔。一旦战斗打响，便可"天上地下同时开火"，让敌人陷入名副其实的天罗地网。

随着实战不断推进，村民们在一次次与敌人的较量中总结经验，持续优化地道结构与功能。地道中开辟了储藏室，用于储存粮食与重要物资，设置了休息室，以安置老弱妇孺，还专门建有岗哨室和"回水处"，通过引水入井的方式防止地道被雨水倒灌。

最终，这张"家家相连、户户贯通"的地下网络，既能攻又能守，既能藏又能打，成为高平村村民抵御侵略、坚持抗战的钢铁堡垒，是一座名副其实的地下抗日根据地。

2 分区作战守住高平

高平村，早在抗战中期便已成为冀中地区远近闻名的抗日模范村。晋察冀抗日根据地和冀中抗日根据地的党政军领导、机关干部时常在此落脚、驻扎，使得这个普通的小村庄成为一座坚强的革命堡垒。

然而，正因为如此，高平村也早早被敌人视作眼中钉、肉中刺。从1943年初至1945年5月，日伪军对高平村发动了多次大规模"扫荡"：其中兵力200多人的两次，300多人的一次，500多人的一次，甚至还有一次进行了1000余人的围剿行动。无论敌人声势多么浩大，刘傻子始终率领村民沉着应对，凭借错综复杂的地道网络与全民抗战的意志，将敌人一次次击退，粉碎了他们妄图"清剿高平"的图谋。

1945年5月4日，敌人对高平村发动了有史以来最大规模的合围"扫荡"。这一次，日伪军动用了来自正定、灵寿、行唐、新乐等地的兵力，连同特务、便衣队共计千余人，配备轻重机枪、钢炮、毒瓦斯、燃烧弹等重型武器，由汉奸周小三带路，于凌晨分五路悄然逼近，妄图对高平村实施血洗。

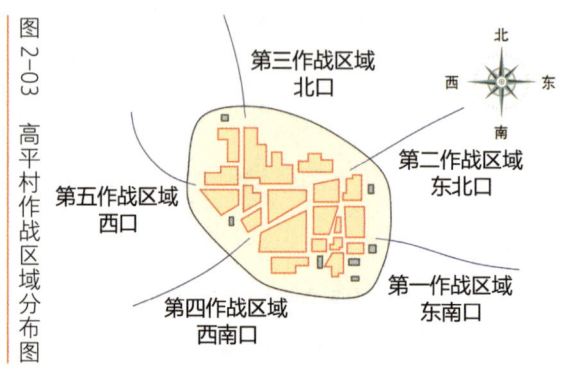

图 2-03 高平村作战区域分布图

这一次的突袭，敌人仍以失败告终。村中民兵早已察觉敌情，迅速组织全村民兵展开战前部署，将进村的五个主要路口划分为五大作战区域（图 2-03）：

- 村东南口为第一作战区域
- 村东北口为第二作战区域（由刘傻子亲自指挥）
- 村北口为第三作战区域
- 村西南口为第四作战区域
- 村西口为第五作战区域

每个作战区域均配备十余名精干民兵，严阵以待。各作战区域的民兵们通过铃铛或"土电话"及时传递信息。同时，全村群众紧急动员，男女老少齐上阵，构筑起一场全民皆兵的地道防线。

恰巧当天，区公所准备发往各村的25箱手榴弹（共计1200余枚）尚未转运，战事突发，经区政府批准，这批武器立即全部发放给民兵使用。手榴弹分发至各作战区域，如虎添翼，为即将展开的战斗提供了坚实的火力保障。

在敌强我弱的极端对峙中，高平村村民再次展现出坚不可摧的抗战意志，而刘傻子则在硝烟与战火中，和大家一起以智谋与血性，守住了这片被敌人视为"死地"的革命土地。

3　地道战中显神威

那一天拂晓时分，第二作战区域的值勤民兵周成河、周金秀在孙家坟附近发现几道黑影正向村边悄然移动。他们感到异常，周成河顺手从屋顶抓起一块砖头掷向敌人，同时高喊："看手榴弹！"敌人猝不及防，慌忙开枪还击。枪声骤起，打破了晨曦的宁静，全村民兵迅速就位，战斗拉开帷幕。紧接着，信号鼓"咚咚咚"敲响，男女老少纷纷钻入地道，地面战斗也随之全面爆发。

敌人首先从东北口发起进攻。刘傻子与村支书孙文喜等人钻出地道，抢占屋顶制高点，挥舞手榴弹反击来敌。几枚捆绑成束的"巨雷"接连抛出，将敌人炸得人仰马翻，敌军连续四五次冲锋被击退，当场死伤14人。敌人退至刘文明家门口，进入地雷区，地道中的民兵迅速拉响地雷，一声巨响，又炸死炸伤3人。

第一作战区域，民兵王建章、周牛、周老好等人依托院内土墙与土堆为掩体，与敌短兵相接，手榴弹、撅枪、步枪轮番上阵。激烈交战后，敌军再被毙伤6人，被迫退至村外重新集结。就在敌人准备再次发起冲锋时，王建章登上高房工事，对敌实施居高临下的精准打击，另外的游击队员则扔手榴弹（图2-04）。敌人被炸得溃不成军，伪军中队长肖秋来中弹毙命，敌军指挥中断，陷入混乱，只得放弃进攻。

图2-04　居高临下打击敌人

第三作战区域，民兵刘双恩闻声而动，背起武器奔赴战位，刚出门便与敌人狭路相逢。他毫不迟疑，迅速掏出手榴弹掷向敌群，炸死炸伤2

人。敌人再次扑来，刘双恩腿部中弹，仍强忍剧痛，又投出一枚手榴弹炸伤1人。眼见敌人逼近，他毅然跳入附近一口井中躲避。两名伪军追来，妄图用辘轳绳将他"捞"上来。敌人当然不知道这口井正与地道相通，刘双恩机警地抓住绳索，借力一蹬井沿，钻入地道，脱险而去。

村北口另一侧，孙白旦发现敌情后，灵机一动高声喊道："民兵一排注意，发现敌情，准备战斗！"随着喊声，孙宝贵与其父孙八月冲出家门，大喊："打呀！冲呀！捉活的！"接连抛出两枚手榴弹，炸得敌人落荒而逃。逃敌窜至区公所门前，区长江平冷不丁拔出盒子枪连发数弹，打得敌人慌作一团。他迅速钻入地道隐蔽，民兵趁机在地道内连续拉响四五个地雷，炸死炸伤数个敌人，彻底击溃了村北口的敌军。

第四作战区域，民兵周墨芳、周荫梅等人埋伏于屋顶工事。敌人沿夹道沟悄然推进时，他们突然发起近距离攻击，数枚手榴弹将敌人炸翻在地。敌人集中火力还击，民兵主动撤入地道，转移至街内的预设雷区。待敌人踏入镇武庙前地雷阵，周墨芳、周吉成果断引爆雷区，又炸死敌人四五人。

第五作战区域战况同样激烈。王六合、周保全等先于屋顶工事中使用土炮轰击敌人，敌人发现后即展开猛烈反击，周四成不幸中弹，副中队长王六合冒死冲上前线掩护撤离，也身负重伤。在危急关头，经验丰富的周保全想出妙计，用棍挑起帽子假装活动目标，数次引诱敌人火力集中射击，为伤员争取宝贵时间，终将二人安全救下。

战斗不断推进，村长周保全决定变被动为主动，下令撤出屋顶工事，引敌深入。他们边打边撤，将敌人引至一处尚未封闭的地道口。敌人误以为发现新通道，命伪军下井探查，岂料刚刚挖掘便触发"看洞雷"，一声巨响，数人当场被炸倒（图2-05）。敌人醒悟中计，仓皇逃窜。

敌军推进至"老母庙"附近，民兵孙寿与褚红春从地道瞭望孔中严密观察，待敌进入雷区后，拉响四五枚地雷，炸伤敌军十余人。敌人再

图 2-05 诱敌上钩

窜至王风春家门口,民兵褚小连迅速引爆地雷,进一步扩大战果。

闯入村中的敌军像疯了一般四处抢掠。一伙伪军推开孙五保家的门,触发"看门雷",两人当场被炸。另有几名伪军潜入王老成家牵牲口,刚一推门,挂在门后的手榴弹立刻爆炸。还有敌人怒气冲冲用刺刀挑院中笸箩,结果触雷,数人被炸飞。

村内战斗如火如荼,敌人步步受阻,处处受创。同时,县武委会组织了许香、塔底、韩家楼等邻村民兵在村外展开协同攻势,使敌人腹背受敌。短短半日之内,敌军不仅未能占据村庄,反而损失惨重,伤兵无数,狼狈撤退,铩羽而归。

4 壮烈牺牲

敌人连遭重创,恼羞成怒,凶性大发,开始四处纵火泄愤,他们疯狂点燃村中的房屋。大火将600余间民居化为灰烬,烧得浓烟弥漫,烈焰冲天。

退至村南两公里外的正(定)灵(寿)公路时,仍不甘心失败的敌人又用钢炮向村内连续发射三枚炮弹,以远程火力发泄怒火。

此时,刘傻子正冒着炮火在街口救护伤员。一枚炮弹击中路边大树,在空中炸裂,弹片横飞,其中一片击中他的腹部,顿时鲜血如注,他重重地摔倒在地。但他没有倒下太久,强忍剧痛爬起,咬牙迈步,艰难地跟着担架队往村外走去。

没走多远,战友们发现他面色苍白、神情异常,赶紧将他抬上担架。他喘息着,用尽全力喊出最后的话:"中国人死不绝!告诉孩子们,长大了替他爹打鬼子……"话音未落,生命已然止息。那一年,他才29岁。

在这场保卫家园的战斗中,民兵中队长刘傻子、副中队长王六合,以及民兵周老好、刘双恩共四人壮烈牺牲,另有周四成等七名战士负伤。他们用鲜血与生命,坚决挡住了敌人的疯狂进攻,保住了高平村的百姓与土地,赢得了这场战斗的胜利。

刘傻子生前曾多次被上级表彰,先后获得"特等战斗英雄""正定县第三区战斗英雄""正定县民兵战斗英雄"等称号,并作为代表出席了晋察冀抗日根据地第二届群英大会,受到表彰,获得了一支步枪和一头毛驴的奖励。与此同时,高平村也因军民英勇顽强、战功卓著,被晋冀四分区授予"万兵难抵""铜墙铁壁"的光荣称号,并于1944年被命名为"晋察冀边区模范战斗村"。

图2-06 电影中的民兵队长

1965年,八一电影制片厂拍摄了经典影片《地道战》。片中支部书记"高老忠"和民兵队长"高传宝"的形象,正是以刘傻子——这位倒在高平战斗中的年轻党支部书记、民兵中队长为原型塑造的(图2-06)。

"傻子"不傻,他是顶天立地的燕赵男儿,是血火铸就的民族英雄。正是无数像刘傻子这样的"傻子"前赴后继,用生命铺就了民族独立的道路,才换来了今日山河无恙、国泰民安。

烽火中的好发明

★

攻防兼备挖地道

地道战的起源,植根于人民的生活实践与智慧创造。

早在战火纷飞之前,北方农村便普遍有挖菜窖储藏蔬菜的传统习惯。冬季来临,冀中平原的农户通常在自家庭院下方挖掘地窖,用以贮藏白菜、红薯、萝卜、土豆等耐寒作物,以防冻保鲜、备荒过冬。

然而,这种源自日常生活的"地下空间"利用方式,在抗战爆发后被赋予了全新的意义。随着日军全面侵华,冀中地区迅速陷入沦陷区,广大军民遭受极端压迫与残酷屠杀,民众生存环境变得异常艰难。

日军在军事控制上极为严密狡诈,他们沿交通要道修建炮楼、设立岗哨、密布碉堡,构建起一张四通八达的封锁网络。与此同时,大量伪政权被强行安插进各个村庄,对村落进行网格化管理。每户人家被编号登记,人口信息一一造册,突击检查时有发生,意图彻底斩断抗日武装与普通百姓之间的联系。

白色恐怖笼罩下,抗日人员无处容身,牺牲者不计其数。为求一线生机,人民被迫借鉴传统菜窖经验,开始在地下掘洞藏身。为了隐蔽,这些洞穴多为单人居所,极为狭小,因为人在其中只能蜷缩而坐(图2-07),如同蹲伏的蛤蟆,

图 2-07 「蛤蟆蹲」示意图

被乡亲们形象地称为"蛤蟆蹲",可想其狭窄与难耐。

正是在这样的生死边缘,这些最初为生存而掘的小洞,逐渐发展演变为连接户户、贯通村村的地道网络。正是这由民间智慧萌芽的地下工程,在烽火岁月中演变为冀中抗战的关键堡垒,是一项真正意义上"人民创造"的伟大发明。

1 从"蛤蟆蹲"步步改善

最初的"地道"是人民在战火中被迫挖掘的藏身洞"蛤蟆蹲",进去后既不能活动,也无法反击。一旦被敌人发现,便无法逃生。

图2-08 冬天洞中冒出水汽

这种简易洞穴在冬季更是隐患重重。晚上洞内水汽凝结,冰霜覆盖,白天阳光照射后冰霜融化,蒸发的水汽从洞穴的出气口中冒出,极易暴露藏身位置(图2-08)。日寇一旦发现,往往毫不留情地投掷手榴弹,有些较大的洞穴也因缺乏结构保护而成为集体牺牲的陷阱。许多抗日志士就这样牺牲了生命。

当时,蠡县的中孟尝村和刘铭庄由于地理位置靠近敌人据点,时常遭受敌军侵扰。县委决定将这两个村作为地道建设的试点,从此开启了冀中地道战的雏形探索。

地道初成之时,效果一度显著。工作团干部和武工队借助地道伏击敌军,取得了数次小规模胜利。但很快,一次战斗揭示了其致命不足。1940年深秋,蠡县县长董志坚在刘铭庄遭敌特告密后被包围。由于藏身院落尚未挖通地道,他一边激烈还击,一边试图向有地道的院落突围,最终未能抵达掩体,壮烈牺牲在敌枪之下。

这场悲剧深深警醒了干部和群众。人们开始将藏洞设在更加隐蔽的位置,如柴垛、粮仓、院墙之内,逐渐由"单口"改为"双口",实现进退自如,既能藏身也能逃生。然而,这种结构仍无法开展有效的战斗。与此同时,日军的清查手段也在不断升级,不仅展开地毯式搜查,更拿着刺刀逐户捅刺可疑之处。一旦发现藏有抗日人员,牵连的往往是整家人甚至全村百姓。不少群众在掩护干部、保守秘密时英勇牺牲,献出了宝贵生命。

1941年冬,清苑县冉庄的民兵开始在自家挖掘单口隐蔽洞,很快便被日伪军侦破摧毁。随后他们改造为双口地道,虽然提高了存活与逃脱的概率,但仍无法与敌交战,大部分地道在战斗中被破坏殆尽。

日军的攻势也愈加残酷,他们不再满足于简单的地毯式搜查,而是动用手榴弹、烟熏、毒气乃至灌水等方式(图2-09),逼迫藏匿者现身,或直接将其毒杀于密闭地道中。

图2-09 日军向地道灌水

1942年5月28日,日军对北疃村展开大规模"扫荡"。当时地道中藏有北疃、南疃等十多个村的百姓。然而,地道缺乏防毒设施,周边未设雷区,加之有汉奸混入内部散播恐慌谣言,导致人群拥堵混乱,民兵无法组织有效防御。敌军随后挖开地道顶端,向内部投放大量窒息性毒瓦斯,数十名妇孺老幼惨死其中,多名民兵亦未能幸免。

这场惨烈的屠杀给冀中军民敲响了警钟。人们痛定思痛,深刻认识到仅靠挖地道是远远不够的。地道若不能与主动武装斗争、爆炸运动紧密结合,就无法真正有效抗敌、保护自己。这一反思,成为冀中地道战从"避难式藏身"走向"进攻型战术"的关键转折点。

2 地道初步联网

血的教训让军民深刻认识到：即使挖出了地道，如果洞口稀少、深度不够、长度有限，且无法连片成网，依旧无法有效自保，更谈不上打击敌人。单个孤立的藏身点，终究无法抵挡敌人的围剿与搜捕。

1942年3月20日，八路军第三纵队兼冀中军区等部门首次对地道战的发展方向作出系统性总结，指出"地道斗争是从群众一点一滴的经验中积累发展起来的，是一条全新的地下斗争之路。它经历了从个人使用、临时性、以藏避为主的小地洞，逐步演变为集体使用、长期秘密、兼具工作与居住功能的大型地洞；从地洞向地道延伸，从单一地道连接基干地道，最终形成村村相通的地道网络，实现从被动防守向主动出击的战略转变"。

在日益严酷的抗战形势下，冀中的抗日军民不断调整战术、改进工事。蠡县的多个抗日村率先展开探索，各家地道相互打通，街巷之间也通过地道连接，洞洞相通、户户相连，逐渐形成了覆盖全村的地下网络（图2-10）。

图2-10 地道开始连通

部分村庄还创造性地设计了"连环洞",即洞下有洞、洞中有洞、真假结合,令人眼花缭乱,难以分辨真假。

随着经验积累,地道逐渐由浅而深,由短而长,发展为结构复杂、功能多样的地下迷宫。洞口隐藏在野地灌木、灶台底部、水井之中,进退灵活、真假难辨,大大增强了隐蔽性。更重要的是,军民还在地道中设置了陷阱和机关,用以应对敌人进入地道后的突袭,构筑起一座真正"能藏、能战、能转移"的地下堡垒(图2-11)。蠡县民兵甚至将射击孔巧妙伪装成墓碑上的字缝,射击后立即用泥灰封补弹孔,隐蔽性极强。

图2-11 能藏、能战、能转移的地下堡垒

这不仅体现了技术上的进步,更是敌后人民与日军的生死较量。在八路军工程技术干部的指导下,地面掩体与地道工事实现有效结合,地面掩体可遮蔽地道口、配合防守,必要时进行地上火力打击。日军再度来袭时,民兵和群众可依托地道迅速转移,令敌人搜遍全村却一无所获。

3 体系化的地道战

随着战事推进,地道结构不断优化,地道的战术功能也在实战中发生了根本转变。早期的地道多属单户自保,而到了中后期已构成庞大的地道网络，贯通家家户户，延伸至村与村之间，形成连片的"地下工程"。在此基础上，地道战不再只是防御手段，而成为进攻阵地：军民依托地道可逐步渗透、围困敌军据点，分散其兵力与注意力，为反攻创造了条件。

冀中典型的地道村冉庄就是这一体系化发展成果的缩影。冉庄地道共设有 4 条主干线、24 条支线，村内户户相通，对外连接孙庄、姜庄、隋家坟、河坡等邻村，地道总长度达 30 余华里。地道一般宽约 2 米、高约 1.5 米，顶部覆土厚达 2 米以上，具备良好的防护能力。在内部结构上，地道配备了完整的战斗与生活设施：设有瞭望孔、射击孔、通气孔、陷阱、活动翻板、指路标志、水井、储粮室、牲口室、纺织间等（图 2-12），使战斗人员可以在地下持续作战。有的地道口设置了鸡窝或羊圈，便于预警。

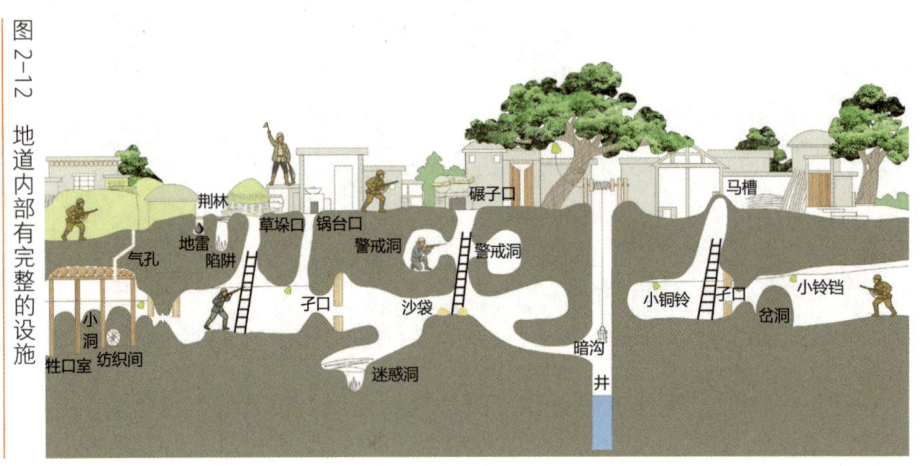

图 2-12 地道内部有完整的设施

尽管日军多次尝试破坏地道系统，采用灌水、灌毒气（芥子气），甚至使用军犬搜索，但收效甚微。随着地道工程的不断升级，地上地下联动、虚实结合，构建出一张令敌人望而生畏的"地下蜘蛛网"。日本军方在其军事总结《华北治安战》中曾无奈写道："地道如蛛网，清剿部队常遭来自地底的袭击。"

4 地道战中的攻防体系

到 1944 年，冉庄的地道战已发展出一套高度成熟、系统完备的战斗体系。地道不仅具备防水、防毒气、防爆炸的结构优势，还配套设计了生活设施，使战士与群众能够长期驻守地下，维持战斗与生存的双重需求。整个村庄由此转化为一座坚不可摧的地下堡垒，在多次战斗中上演了以少胜多、以弱制强的抗敌壮举，成为敌后战场的一面旗帜。

冉庄地道中的众多设计，充分展现了人民群众在实战中积累的智慧与创造力：

翻板陷阱：在通道入口处设置活动木板，一旦敌人踏入，木板翻转，敌人即坠入下方设有水井或尖桩的陷坑，瞬间失去行动力或被当场歼灭。

毒气过滤系统：应对敌人投放毒气，地道内布设湿棉被与木炭多层吸附结构，仿照防毒面具原理有效过滤毒气。同时设计"气死猫"式弯道，即多处直角转弯，有效减缓毒气扩散速度，为人员争取撤离与封堵时间。

双层地道结构：地道上下分层，上层为伪装通道，故意暴露部分，吸引日军破坏；下层为真正的主通道，关键节点用"活砖"封闭，可根据需要开启或关闭，确保隐蔽性与安全性。

这一系列技术与策略，不仅体现出地道战的战术进化，更体现了群众智慧的系统化与工程化。经历多轮升级与实战锤炼后，冀中地道战最终形成了高度体系化的结构标准，被总结为"三通、四能、五防"："三通"，即地道实现了通地下、通地面、通屋顶的立体贯通格局，确保人员可以在不同空间层级间灵活转移与部署；"四能"，指地道具备能战斗、能通行、能主动进攻、能有效防守的多功能作战能力，已从单一藏身转化为全方位的战斗平台；"五防"，指地道具备防火、防烟、防毒气、防水、防破坏的强大安全性能，极大提升了地下生存与防御能力。地道不仅成为军民的庇护所，更成为打击敌人的地下堡垒。

这种综合体系的确立,使地道战真正实现了"打与藏结合、攻与守一体"的战略转变。

地道内部可设置粮食储藏室,维持长期战斗所需;地道口普遍设有陷阱,有效打击擅闯之敌。许多地道还与水井相通,一方面增强通风换气功能,另一方面防止敌军灌水破坏,更解决了地道内军民的饮水问题(图2-13)。日军如果向地道内灌毒气或浓烟,地道内巧妙设计的通风孔会让毒气或烟雾通过水井迅速排出,不影响地道内人员的健康与安全。除此之外,考虑到如果日军占领村子的时间较长,军民们的吃喝拉撒问题都要在地道中解决,还设置了沼气池,既解决卫生问题,又能提供燃料。

图2-13 地道与水井相通

随着不断的实战检验与技术改良,这种以"三通、四能、五防"为核心架构的地道系统逐渐成熟,成为敌后战场上一种独特而卓有成效的人民战争方式。

进入1944年,冀中抗日根据地的地道战已步入鼎盛时期,被誉为"冀中地下的奇迹"(图2-14)。这时的地道,演变为了覆盖整个冀中平原的主要战斗空间,成为了游击队与民兵最核心的作战平台。这一地下堡垒也日益复杂与系统化,其设计之巧、结构之密,令人叹为观止。

图 2-14　冉庄地道战全景示意图

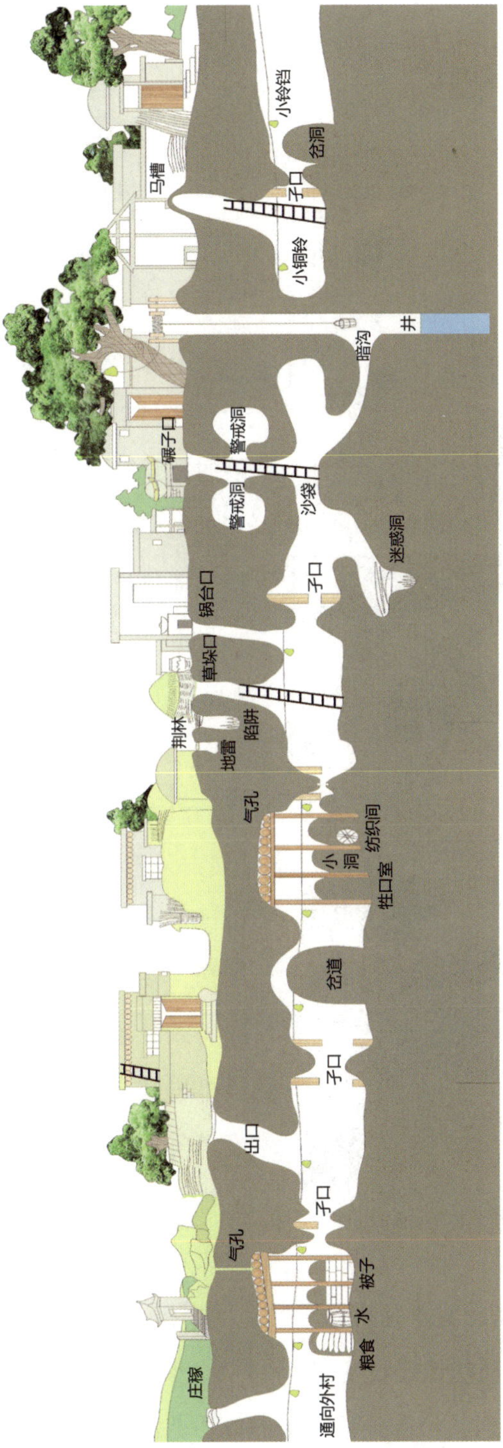

5 地道的结构特点

图 2-15 锅台下的地道口

图 2-16 食槽下的地道口

图 2-17 井口就是地道口

冀中地道除了规模庞大,其结构也有很多创意。

首先是地道口要设计巧妙,让敌人不易发现。

室内一般会把热炕设计为地道口,但更巧妙的是,锅台平时烧火做饭,战时掀开铁锅便可进入地道(图 2-15)。室外的地道口就更多了:牲口棚的食槽底部拉开,就是地道口(图 2-16);水井是既方便又隐蔽的地道口(图 2-17)。除此之外,老树洞、坟地都可以设计为很隐蔽的地道口。

万一敌人发现了地道口,为了迷惑并打击深入地道的敌军,地道内还设计了错综复杂的"明道"与"暗道"结构,并配有隐蔽洞室。明道用于诱敌深入,暗道则常常通向隐藏的突袭点打击敌人(图 2-18)。地道内还布设了各类陷阱和机关,如活动翻板、尖桩陷坑等,一旦敌人闯入,即可触发致命打击。这些设计不仅增强了防御功能,更具备出其不意的战术效果,使地道真正成为敌人的"地下杀阵"。

其次是地道的修建难度大。

地道的修建,绝非一项简单的体力劳动,而是一场融合了智慧、勇

图 2-18 从暗道打击闯入的日军

气与工程技巧的地下攻坚战。其施工过程之艰难，令人惊叹。村民通常要在夜深人静时偷偷作业，既要应对环境恶劣、时间紧迫的双重压力，又要面对地底作业中极具危险性的各种技术难题——潮湿闷热、土质松软、空气稀薄，稍有不慎，便可能酿成塌方或窒息的惨剧。白天挖地道时，在"气死猫"式弯道直角转弯处用镜子反射，把阳光照进地道。

不同地区的地质条件各异，施工难度也有所不同。以鲁西南地区为例，当地多为沙土与淤泥地，地下水位高，地道一旦挖得过深或过长，极易引发塌陷事故。为此，群众在长期实践中不断总结经验，摸索出一整套因地制宜的挖掘方法：

● 地道深度控制在距地表一至两米之间；

● 顶部结构多采用圆顶形状，以增加承重力（图 2-19）；

图 2-19 地道挖成圆顶形状

● 路线设计上，地道内每

隔十余米便设置一个弯道,增加抗压强度,同时留设通气孔,改善空气流通;

● 选址布局上,避开洼地与潮湿区,优先选择地势略高、土壤较稳的地带。

正是这种将战术、防御与生存需求有机融合的"地下工程学",令冀中地道不断演进、日益完善,最终发展成既能藏人避敌,又能伏击制敌的立体化地下战场。

发明思维大讨论

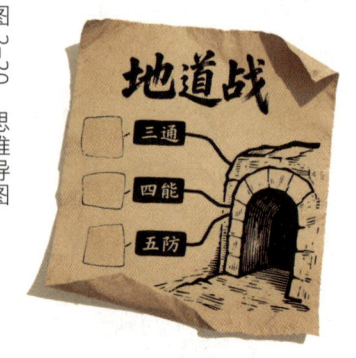

图 2-20 思维导图

在抗日战争的艰难岁月里,冀中平原上的抗日军民以非凡的创造力,发明了地道战这一独特的作战方法,达成了"保护自己,消灭敌人"的军事目的,取得了骄人战绩。

地道要解决"三通、四能、五防"的问题(图 2-20)。

解决了生存问题后,抗日根据地的军民就要进行反击了。他们沿着地道上方的掩体修建了众多射击孔,一有机会,游击队员就可以从不同位置消灭敌人(图 2-21),然后通过地道迅速转移,让敌人无从下手。

地道战中诞生的一系列发明创造,不仅凝聚着人民群众的无穷智慧,更在抗击日本侵略者的斗争中发挥了巨大作用,成为抗战历史上浓墨重彩的一页。

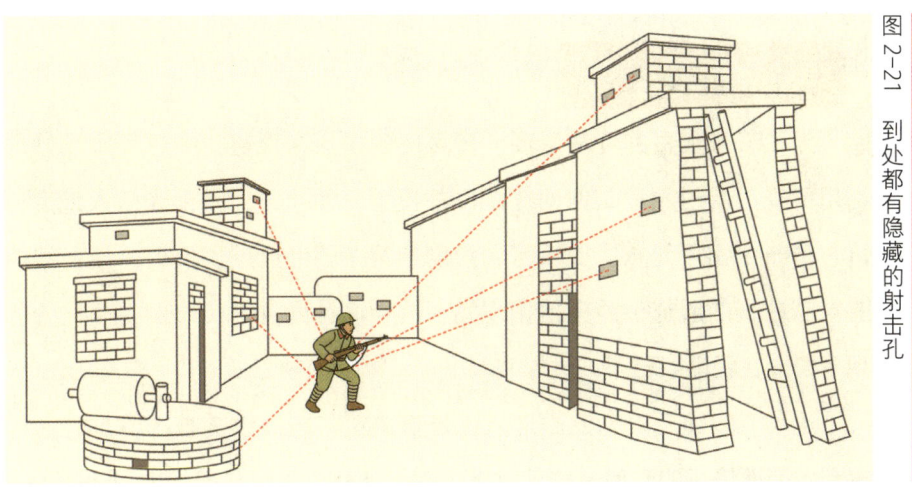

图 2-21 到处都有隐藏的射击孔

这些构思巧妙、结构精密的发明，不仅体现了人民群众卓越的工程智慧，也展现了他们在极端条件下灵活应变、敢于创新的英雄气概。地道战不仅是一种战术上的突破，更是一种体现民族意志与集体创造力的精神象征。它告诉后人：在山河危难之时，中国人民可以用锄头挖出战场、用黄土筑起堡垒。地道战的经验，不仅在军事史上留下了宝贵遗产，更在民族精神史上写下了永不磨灭的篇章。

创新迁移前景广

抗战时期地道战中诞生的诸多发明创造，虽然在当时显得简单朴素，但是却蕴含着深刻的原理与巨大的迁移潜力。有些在高科技中得到了广泛沿用。

1　从地道照明到内窥镜

为了节省宝贵的灯油资源，夏家庄的群众在地道挖掘过程中巧妙地利用了光的反射原理。他们在洞口外设置一面镜子，将阳光引入地道，再在每一个拐角处依次放置可调角度的镜子，经过层层反射，使光线能够穿越曲折的通道，照亮挖掘现场。这种设计既安全、节能，又充分体现了群众在极端条件下的光学直觉。

这种"多镜反射"的原理，正是潜望镜与内窥镜的技术雏形。潜望镜利用两面镜子的反射结构，常用于潜艇和战壕中观察目标（图 2-22）。而多面小镜组合或光导纤维束的传光机制，则是现代医学内窥镜的核心技术。

现代软管内窥镜借助光纤传导图像，具备高度柔韧性与高清可视性。其工作原理是：光源发出光，光进入光纤后，通过光纤内部的全反射原理照亮目标，目标反射的光通过另一组光纤，传递图像至人眼（或成像设备），实现对人体腔道和器官的可视化检查（图 2-23）。

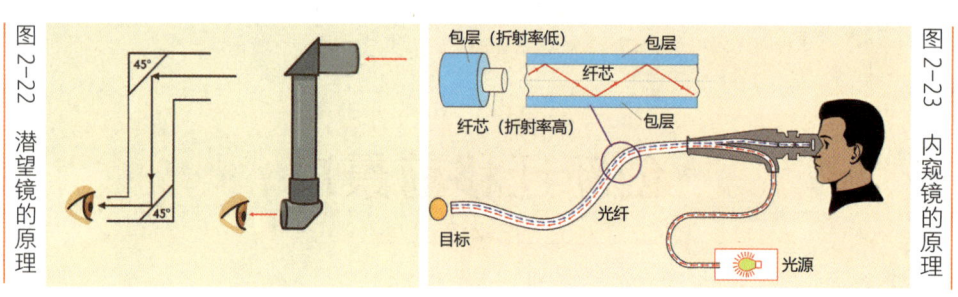

图 2-22 潜望镜的原理

图 2-23 内窥镜的原理

这项技术不仅广泛应用于医疗领域，在精密工业检测中亦占据重要地位。而它的原理，与抗战时农民把阳光引入洞内是一个道理。

2　从地道防毒到现代防毒面具

日军为破坏地道系统，常常采取向洞中投放毒气的手段，试图逼迫军民出洞或直接毒杀地道内人员。对此，游击队员总结出多种有效对策，展现了极强的环境适应能力与工程思维能力。

一方面，游击队员们会封闭部分洞口，引导毒气沿设定路线通过井口或其他通风孔排出，避免毒气扩散至人员密集区；另一方面，在地道中设置连续直角拐弯，降低毒气扩散速度，为地道内人员赢得逃生与防护的时间。

军民们还创造性地研发出一种简易过滤装置："湿棉被＋木炭层"的结构（图 2-24），借助物理吸附的原理对毒气进行有效过滤。这一方法的核心原理，与现代防毒面具中的吸附装置如出一辙。

木炭之所以具有良好的毒气吸附能力，归因于其极其丰富的微观孔隙结构（图 2-25）。这些孔隙分布不均、大小各异，使得木炭拥有极大的表面积：每克优质木炭的表面积甚至可达数百至上千平方米（作为对比，一个棱长为 1 厘米的正方体木块，质量大约为 1 克，表面积为 6 平方厘米）。毒气分子在与木炭接触时，会被范德华力吸附在孔隙表面。同时，木炭孔隙中的毛细作用也能进一步"锁定"有害气体，如甲醛、硫化氢等，从而达到空气净化和毒气过滤的效果。

图 2-24 "湿棉被＋木炭层"防毒

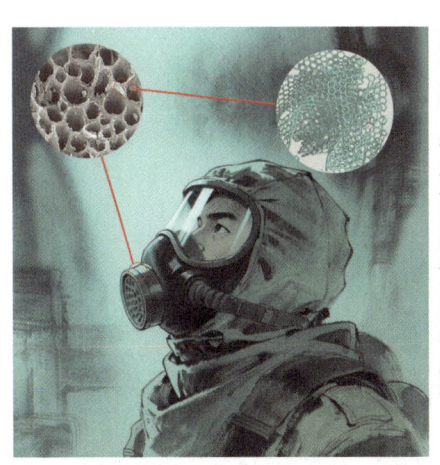

图 2-25 微观孔隙结构的吸毒原理

这一原理已被现代材料科学广泛应用于防毒面具、空气净化器、工业废气治理设备等物品上，形成了一整套从日常防护到专业救援的技术体系。而其最初的应用动因，不过是农民用来在地道中一边筑土自保，一边巧妙借物克敌。

3 从圆拱到建筑中的拱形原则

地道的结构设计，不仅体现了民间工程智慧，也蕴含着深厚的结构力学原理。在冀中地道的构筑过程中，常见的支撑结构多采用枣木或槐木搭建的框架。在关键受力节点，使用"人字形"支架增强支撑力，而在顶部结构上，则常常采用圆拱形结构，以提升地道的稳定性与抗压能力。

拱形结构自古以来被广泛应用于各类工程建筑中，其原理主要体现在以下几个方面：

（1）压力分散

拱形结构之所以稳定，关键在于它能将上方荷载沿弯曲路径分散，并有效转移至两侧的支撑点。通过这种结构，拱顶所承受的垂直压力被"分解"为沿曲面传导，并最终集中于拱脚，从而避免了集中受力点的崩塌风险。这一特性使拱形结构在承受巨大重量时展现出极强的抗压能力，远胜于传统的直线梁柱结构。

正因如此，现代水坝设计中常常采用弧形坝体，尤其是拱坝——其拱面朝向上游，可以更有效地承载并转移水流施加的巨大压力（图2-26、图2-27）。

图2-26 某大坝实际结构

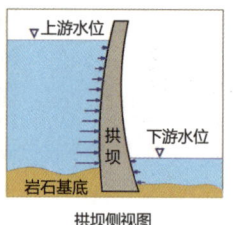
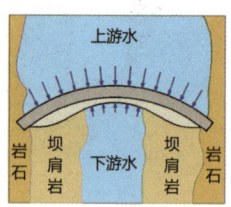

图2-27 大坝结构示意图

（2）稳定性增强

拱的两端承受压缩力，中间部分通过曲线形态将重力均匀分散，增强了整体的抗弯能力和稳定性。中国古代著名的赵州桥便是这一原理的经典应用。作为世界上现存最早的采用"空腹式单孔圆弧拱"的石桥，赵州桥不仅历经千年风雨而不倒，其结构设计更可谓匠心独运：主拱之上，左右各设两个小拱，形成"敞肩拱"结构（图2-28）。这种设计一方面提升了承载力，另一方面增加了排水面积，有效节省了石料资源。

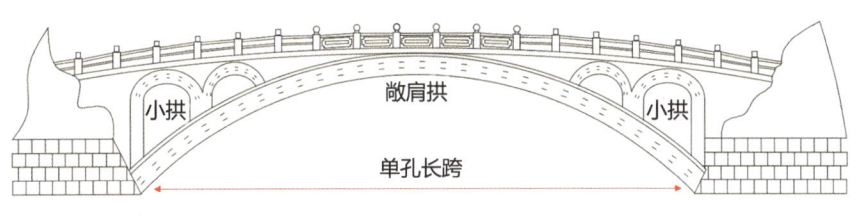

图 2-28 赵州桥的独特结构

此外，赵州桥采用单孔长跨形式，无须设置桥墩，不仅有利于汛期泄洪，也避免阻碍水上交通。桥身拱高适中，桥面平坦，体现了实用性与美观性的高度统一。

（3）拱形建筑结构

拱形具有柔和的曲线，为建筑增添了动感和优雅感，能够传递空间的开阔性和自由感，也具有美学价值（图2-29、图2-30）。

图 2-29 拱形建筑

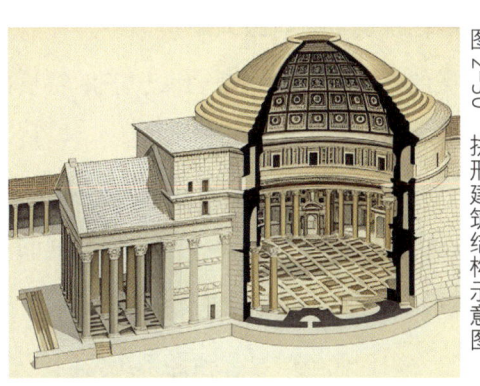

图 2-30 拱形建筑结构示意图

4 从生物警报到全球卫星导弹监测系统

在抗日战争中,冀中平原的游击队员面对敌军频繁偷袭,巧妙地运用自然环境与生物本能,发展出一套原始而有效的预警系统。例如,在地道入口处设置鸡窝或羊圈,利用动物对环境变化的高度敏感性进行警戒。鸡群一旦察觉异动,便会惊飞乱叫,村民据此得知敌情临近,将其称为"活警报器"(图2-31)。

图2-31 鸡是"活警报器"

值得注意的是,狗这一常见的警觉动物在地道战中却被排除使用。这是因为狗虽能发现异常,却极易因叫声而泄露己方行踪。抗战时期,日伪势力及汉奸常利用狗的叫声来判断游击队员的方位,严重威胁到游击队员的行动安全。为此,一些抗日根据地甚至发起了"打狗运动",以减少暴露风险。狗在地道战中的"失用",正体现了敌我态势下对安全与隐蔽性的高度重视。

此外,为提升听觉预警能力,一些游击队员还在地道顶部铺设干燥的秸秆层,一旦敌人从地面上方经过或试图挖掘,便会触动秸秆发出轻微的碎裂声,为地道内人员争取宝贵的反应时间。这些做法虽简单,却利用了声音传导的原理,体现出民众的应变能力与创造性。

预警,作为防御体系中的第一道屏障,其核心始终是"提前发现异常,争取反应时间"。从当年的鸡鸣羊叫、秸秆碎响,到今天的全球红外监测网络,其本质从未改变。

以现代全球导弹预警系统为例,人类已将"预警"从地面延伸至太空。

预警卫星通常被部署在地球同步轨道上，由数颗高性能卫星构成全球预警网（图2-32）。卫星搭载的高灵敏红外探测器，能够捕捉到导弹发射瞬间发动机尾焰释放的红外辐射信号。一旦目标被捕捉，系统随即启动追踪模式，配合摄像机对目标进行图像识别与动态跟踪，并将导弹的发射时间、地点、弹道航向等关键情报实时传回地面控制中心，供战术决策与防御系统使用。

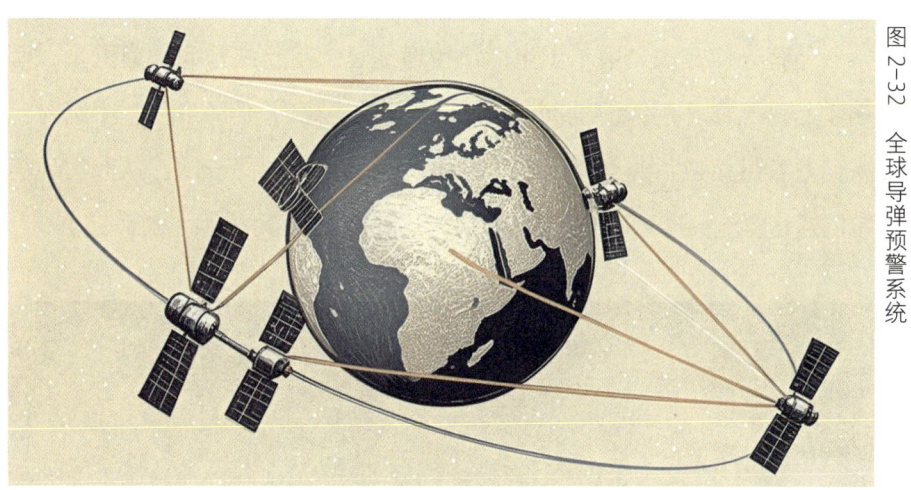

图 2-32 全球导弹预警系统

在现代战争中，这类导弹预警系统已成为战略威慑与国家安全的核心支撑。正如当年的"鸡鸣警报"保卫了一村一寨的安全，如今的卫星网络则守护着国家安全乃至全球战略格局的稳定。

从地道口的鸡窝到太空中的红外探测卫星，这种跨越时代的预警智慧，不仅反映出技术的进步，更展现出人类在面对危险时始终不变的本能——用时间换生机，用预见换胜机。

5 从"土电话"到无线通信系统

一些地区地道规模很大，如何进行通信是个问题。例如在前面介绍的高平村战斗中，全村地道分为五个作战区域，如何通知其他作战区域敌人的动向？

抗战时期，地道中的通信联络方式主要有以下几种：一种是口传，通过设立递步哨进行信息口传。在地道的每一个转弯处安排一个人，当有信息需要传递时，就通过这些人依次传递，将信息从地道的一端传至另一端；另一种是拉铃，用绳子吊上响铃，规定不同的拉铃记号来传递信息。通过拉动铃铛发出的声音和次数，让地道内的人员了解外面的情况或接收相关指令。

还有一种方法是用"土电话"传递信息。将丝线拉到地道壁上，两端系上硬纸筒。利用绳子振动原理，在不远的距离内（但不在同一个洞内），人们对着纸筒说话，声音能通过绳子的振动传递到另一端，从而实现简单的通话交流。通话时绳子要绷直，不能过紧也不可松弛（图2-33）。

图2-33 "土电话"通话

声音的本质是振动，"土电话"利用绳子振动传递声音，硬纸筒是声音放大器。当附近有敌人时，可以利用"土电话"悄悄传声。

"土电话"的构造虽然简单，却与现代通信技术如有线电话和无线电波通信原理密切相关：土电话靠声波传递，现代通信靠电波传递。随着科技进步,人类已从有线电话进入无线通信时代。如今,现代军队在遇到突发攻击时往往会第一时间通过无线设备呼叫空中支援(图 2-34),其原理与当年地道中的"土电话"如出一辙:本质上都是为了在复杂环境中实现即时、精准、隐蔽的信息传递。

图 2-34 无线电呼叫支援

6 从粪池发酵到生态环保系统

抗战时期,当全村百姓躲入地道中避敌时,吃喝拉撒都必须在地下解决。为了提高生活保障水平,确保环境卫生,军民们设计出一整套生态循环系统:

- 挖深井储粮,因地道恒温,适合长期保存食物;
- 利用粪池发酵产出沼气,用于点灯照明。在石家庄栾城区的地道遗址中,至今仍可见当年的沼气池遗迹。

这种方法一举多得:既解决了粪便处理、环境卫生问题,又提供了燃料照明,堪称早期的"生态工程"。

如今,人们对沼气发酵技术进行了改进。沼气发酵是有机物在厌氧条件下经过微生物分解产生气体的过程,主要分为三个阶段(图 2-35):

1. 水解阶段:秸秆、粪便等复杂有机物被分解成小分子;
2. 产酸阶段:产酸菌将小分子物质转化为乙酸、丙酸等;
3. 产甲烷阶段:特定菌群将乙酸等进一步转化为甲烷与二氧化碳,即沼气的主要成分。

这种技术如今已广泛用于农村清洁能源开发、城市污泥处理、农业有机废弃物循环利用等领域,更被视为实现"碳中和"目标的重要路径之一。

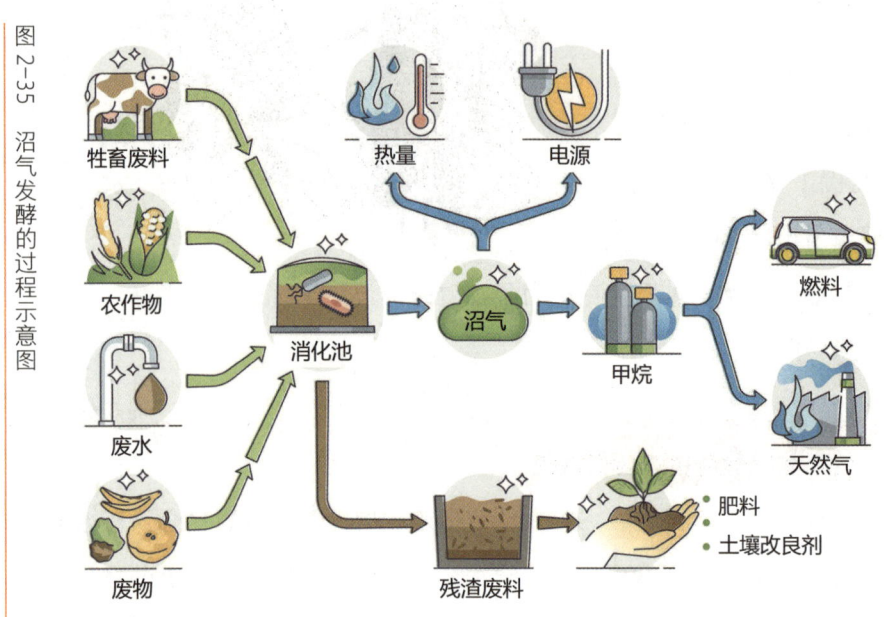

图 2-35 沼气发酵的过程示意图

7 从声音定位到声波探测系统

图 2-36 通过声音辨别方向和距离

在地道建设过程中,确定挖掘方向是个关键问题。在资源匮乏、没有测量设备的环境下,游击队员凭借实践智慧,琢磨出一套"声波导航法":在地道挖掘时,地面上的人员根据既定方向,有节奏地敲击地面,地下人员通过声音的方位与强弱来判断方向和距离,调整挖掘路径(图 2-36)。

这与雷达根据飞机反射的信号确定其方向和距离，是一个道理。

声音是一种波，在空气和地层中都可以传播。通过研究波的传播特点，科学家发现蝙蝠在黑暗中飞行捕食的道理：蝙蝠发出的超声波（超出了人类正常听力范围的上限）遇到昆虫返回，蝙蝠根据返回的超声波确定昆虫的位置。

人类受蝙蝠在黑暗中捕食昆虫的原理启发发明了雷达（图2-37）。雷达是一种利用电磁波探测目标的电子设备，其原理是雷达发射电磁波，探测目标反射电磁波并被雷达接收，雷达由此获得探测目标至电磁波发射点的距离、方向等信息。

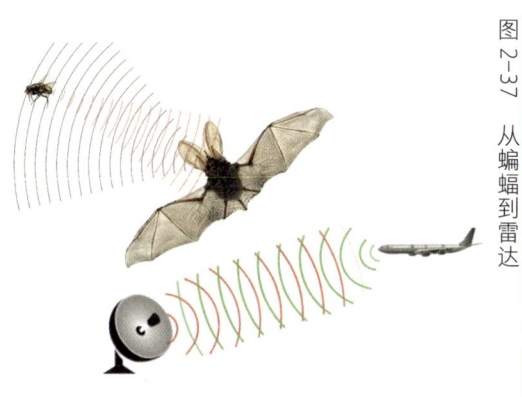

图2-37 从蝙蝠到雷达

地道战中的种种创意发明，不仅是对生存挑战的应对，更是对科技原理的真实应用。

这些朴素而实用的"战地发明"启示我们：创新，不一定始于实验室；技术，有时诞生于最贫瘠的土地。

正是在血与火的考验中，中华民族的科技智慧和人民创造力交汇升腾，为我们留下了可持续、可迁移、可转化的宝贵遗产。如今，当我们谈论人工智能、物联网、绿色能源时，那些黄土地下的地道，或许已在另一种形式中重新发光。

附注：更多地道战方面的资料参见

（1）冉庄村地道战遗址、纪念馆，地址：河北省保定市清苑区冉庄。

（2）高平村地道战遗址、纪念馆，地址：河北省正定县高平村。

（3）北京焦庄户地道战遗址纪念馆，地址：北京市顺义区龙湾屯镇焦庄户村。

（4）电影《地道战》（任旭东执导，1965年上映）。

第三章

四面出击

麻雀战

> 麻雀战，麻雀战，
> 机动灵活要勇敢，
> 三五成群结成组，
> 隐蔽路旁和深山，
> 瞄准敌人打几枪，
> ……

这首传唱在抗日根据地的歌谣，正道出了令日寇头痛不已又束手无策的战术奇招：麻雀战。

在国际上总结第二次世界大战战术时，游击战成为 15 种新战术之一，游击战中有一种战法叫麻雀战。

毛泽东曾在《抗日游击战争的战略问题》中提出："一般地说来，游击队当分散使用，即所谓'化整为零'。"麻雀战，正是这一思想的生动体现，是抗日军民在敌强我弱的困境中，以极高的战术智慧发展出的灵活战法。

抗日战争时期，敌后抗日根据地自建立之初，便不断遭遇日军的封锁与"扫荡"。为了生存、为了胜利，中共领导下的抗日军民在长期战斗实践中，探索出多种形式的游击战术，麻雀战就是其中最具特色的一种：以小博大，出奇制胜。

麻雀，这种常见的小鸟行动轻盈，不依赖双脚行走，而是以蹦跳为主，起落无声、飞行灵活。它们成群觅食（图3-01），分散快速，受到惊扰时瞬间飞散（图3-02），旋即又重新集结，东一簇西一群，叫声聒噪，扰人心神。"麻雀战"这一战法模拟了麻雀的习性：行动轻巧，起落无声，分散迅速又能及时聚合，给人以捉摸不定之感。麻雀成群结队，觅食时忽东忽西、时聚时散，正如游击小队在战场上穿插突袭，灵活应敌。

图 3-01 麻雀的觅食习惯

图 3-02 有人靠近麻雀就飞走

麻雀战模仿麻雀的觅食方式，由三五人组成小组，分散活动（图3-03），忽东忽西，专挑敌军薄弱环节出击。行动如影随形、时聚时散，在不利的局势中穿插游走，制造混乱，就像一群麻雀绕着屋檐叽叽喳喳，搅扰得人不得安宁，游击队员们也如麻雀般飞奔穿梭，令敌人疲于应对，防不胜防。

这是一种将传统的大规模战斗"化整为零"、转为局部小组灵巧作战的战术创新。游击队通过忽而分散、忽而集结的战法战斗，不仅能够有效迷惑敌人、牵制敌人兵力，还能伺机集中优势火力，迅速合围歼敌，

图3-03 三五人组成小组活动

以最小代价换取最大战果。

麻雀战最适合在地形复杂、山高林密的山区展开。当地百姓熟悉地势，民兵利用天然屏障快速穿行，隐蔽性强、机动性高。而日伪军不熟悉地形，只能在大道上艰难前行，反应迟钝，时常陷入被动局面。

时任八路军一二九师师长刘伯承曾风趣地说："别小看这个'麻雀战'，有时一只'麻雀'，也能闹得敌人团团转哩。"

麻雀战并非完全无序的袭扰，而是一套有章可循的战术系统，主要包括三种方式：

图3-04 袭击

一是袭击，主动打驻守之敌（图3-04）。民兵凭借对地形的熟悉和对敌情的掌握，摸清敌军驻防分布、作息规律和警戒漏洞，伺机而动，趁敌不备，迅速出击，打完就走，令敌人措手不及、防不胜防。

二是伏击，在敌人行军路线设下陷阱，埋伏于敌人必经之路（图

3-05）。民兵们常在山口、隧道、桥头等要冲设置伏兵，战斗打响时实施"拦头、斩腰、截尾"三段式攻击。通常由少数人引诱敌军入伏，随后以集中的排枪、地雷等火力对其实施猛烈打击。

图 3-05 伏击

三是阻击，分散隐蔽潜伏、冷枪狙杀。民兵们分散埋伏于高地、林间或村口，悄无声息地等待目标，一旦敌人露头，便以冷枪精确射击。尤其针对脱离队伍的单兵、少数敌人以及据点附近的哨兵、警卫等，经常能一枪致命。这种"神出鬼没"的袭扰战术往往让敌人死伤而不知子弹从何而来，陷入持续的紧张和恐惧之中。

麻雀战的首次系统应用可以追溯到1937年11月26日山西省范村之战（后面详细介绍）。经过数小时激战，成功歼敌近百人，击毁军车一辆，首战告捷。这一战绩引发了极大的关注，1938年7月7日，一二九师师长刘伯承在《129师抗战一周年战术报告》中专门提及范村战斗，并称此次作战"发明了打麻雀仗"的新战术，自此"麻雀战"一词正式诞生。其后，这一战术迅速在华北各敌后抗日根据地广泛推广，麻雀战应用最好的为李殿冰，他获得了晋察冀边区"二等战斗英雄"的称号。

麻雀战正是人民战争智慧的结晶，它用最灵巧的方式，在最艰难的条件下，打出了中国抗战史上最响亮的一声声"冷枪"。麻雀战的意义在于：

（1）**优化战略资源配置**。麻雀战以小规模、分散化的作战形式开展，不依赖大规模兵力和精良装备，有效弥补了敌后抗日武装在人员与物资上的不足，维持了持久作战能力。

（2）**破坏日军战略部署**。麻雀战这种灵活多变的战术，打乱日军的作战节奏，干扰其兵力调度和物资供应，使其被迫分散兵力应对，削弱整体作战效能。

（3）**拓展战略生存空间**。通过不断袭扰日军，压缩其控制区域，为抗日力量赢得更多生存和发展空间，构建起敌后抗战的战略支点。

（4）**凝聚战略精神合力**。麻雀战激发了广大民众参与抗战的积极性，也从精神层面瓦解了日军斗志，为抗战胜利汇聚起磅礴的精神力量，彰显了人民战争的伟大战略思想。

烽火英雄

★

出奇制胜李殿冰

李殿冰，原名李殿兵，后改名为李殿冰，1913年出生，河北省曲阳县尖地角村人（图3-06）。

他出身贫农，16岁时就被迫来到北京门头沟，当了一名挖煤工人。1937年，抗日战争爆发，北京城被日军占领。李殿冰于是回到了家乡。在

图3-06 李殿冰

家乡，他的父母都死于日军的铁蹄，这种遭遇点燃了李殿冰的怒火。正当他想要找侵略者拼命的时候，八路军来了。在八路军的引导下，李殿冰放弃了蛮干报仇的想法，成了一名民兵战士。

李殿冰能吃苦，能用心琢磨，不管是摆弄起枪械来，还是总结战术，他都得心应手。1938年，李殿冰光荣地加入了中国共产党，成为了当地的村党支部书记、民兵队长和联村民兵中队长。

众所周知，八路军、新四军的武器比日军差很多，民兵的武器弹药就更糟糕了，基本上没有补充途径。想要枪弹，只有凭缴获一个途径，一旦消耗很难补充。长期以来民兵们的武器五花八门，有汉阳造、老套筒、大砍刀、红缨枪，非常庞杂。

如何有效地使用武器，给敌人以最大程度的杀伤和袭扰，就成了摆在民兵面前的重要问题。李殿冰在长期的斗争中，逐渐总结出来一套适合民兵的战术：在袭击敌人时，以几个人的小分队隐蔽击敌，然后突然发起袭击。不管战果如何，只要敌人有所反应，小分队就立即后撤，在隐蔽的情况下，始终与敌人保持一定距离。如果敌人落单，则再次袭击；如果敌人越聚越多，则借助熟悉的环境悄无声息地撤退。

这样既可以有效地消灭敌人，又可以最大限度地保护自己；如果时机合适，还可以缴获物资，可谓一举多得。这种战法，虽然李殿冰自己没有取名，实际就是大名鼎鼎的"麻雀战"。

"麻雀战"充分地发挥出了民兵的优势：民兵们的武器、训练都不如敌人，不能和敌人硬拼，但民兵们对周边环境很熟悉，从小到大几乎都在村、堡、县之间活动，哪里有小路能撤退，哪里有遮挡能隐蔽，他们都了然于胸。在战斗中，民兵们可以充分地利用环境，边打边运动，处处领先对手一步，从而取得战场的主动。

1 曲阳县尖地角村战斗

1941年夏,日军对各抗日根据地发动大规模"扫荡"。8月初的一天,烈日炎炎,河北省曲阳县尖地角村的民兵一边在田间劳动,一边警惕地注视着周围的动静。

突然,远处山顶上消息树(图3-07)接连晃动三下,那是瞭望民兵传来的预警信号:敌人来了!

图 3-07 消息树

党支部书记兼民兵中队长李殿冰立刻指挥群众撤离,随后带领游击小组迅速上山,隐入浓密的树林之中。

图 3-08 日军军官在观察山势

不久,大队日军出现在沟口,一名军官在马上举起望远镜观察山势,显然担心遭遇伏击(图3-08)。李殿冰早已盯紧他的举动,"叭"的一声枪响,日军军官应声落马。其他民兵也接连开火,打乱了敌军阵脚。

恼怒的日军仗着人多枪多,喊叫着朝枪声传来的方向扑去。然而,等他们气喘吁吁爬上山顶时,却连个人影都没看到。正在疑惑之际,身后忽然又传来枪声,几个日军当场倒地。原来,游击小组早已悄悄绕道转移到对面的山头,从背后给敌人来了个"回马枪"。

时值盛夏,日伪军经多次翻山越岭,个个口干舌燥,见到附近有处清水洼,立即蜂拥跑去抢水喝。见敌人挤成一团、毫无戒备,李殿冰和民兵战士架起打猎用的大抬杆。给大抬杆装弹药(图3-09)(大抬杆在下一章中有专门介绍),一枪将30多个日伪军击毙击伤,其余敌人吓得狼狈逃走。

图3-09 正在给大抬杆装弹药

2 巧让日军"误伤友军"

不久后的一日夜晚,放哨民兵向李殿冰报告:有一股日军刚从尖地角村路过,向东而去,行踪不明。李殿冰判断敌人可能是要偷袭东面的武家湾,于是火速带领游击小组抄近道赶往武家湾,准备通报消息。不巧,赶到时八路军已经转移。

正当他们准备离开时，又有民兵来报，另一股敌人也正向武家湾逼近，果然是分兵两路实施偷袭。李殿冰当即决定反其道而行之，率小组登上武家湾主路旁的一座小山埋伏。敌军一现身，他们便突然开火，分别朝两路敌人射击。混乱之中，两股敌军误以为遭到八路军夹击，立刻展开队形互相进攻。枪声大作，交战激烈，半小时后日军才发现竟是"误伤友军"，闹出一场大乌龙。

日军发觉上当后，集中兵力进行报复。这时李殿冰已指挥群众迅速撤离，他带两名民兵赶到寺儿沟东岭，向正在行进中的日军射击，毙伤5人。随即又绕到侧翼山头射击，先后毙伤敌军58人，炸死战马3匹，打得日军晕头转向，不知所措。

3 太行勇士

1943年，日军又一次对尖地角村发动"扫荡"。李殿冰带领民兵采取地雷战与麻雀战相结合的方式，令敌人损失惨重。恼羞成怒的日军在山上抓了20多名村民，押至打谷场严刑拷问，试图逼问民兵的下落。

李殿冰得知情况后，立即组织游击小组潜伏到村边。"砰！砰……"几声枪响划破寂静，日军的指挥官和翻译应声倒地。敌人顿时大乱，成群结队朝枪声方向追击，可追了半天，山林中却连半个人影都未寻见，最终只得无奈撤回据点。

李殿冰没有放过这个机会，立刻派出多个游击小组沿途设伏，伺机用冷枪狙击敌人。敌人一路上战战兢兢、进退维谷，时而卧倒，时而奔跑，被打得狼狈不堪。

就这样，尖地角村的民兵们凭借地形熟、脚底快、战法活的优势，用灵活分散的麻雀战方式，把日军打得晕头转向。

在敌人的大"扫荡"结束后，李殿冰的战果令人振奋：三个月的时间里，他总共带领队员发起了27次战斗，共毙伤日军267人！他也因此受到了边区政府的嘉奖，被选为民兵英雄。1944年2月，李殿冰出席了晋察冀边区战斗英雄战斗模范代表大会，被授予"神枪手"和"二等战斗英雄"称号，并获赠"太行勇士"匾额。

4 英雄更名有深意

新中国成立后，李殿冰代表民兵参加了全国战斗英雄会议。在会上，他和陆海空三军的代表各执一角，向毛主席敬献了锦旗。

会后，毛主席和朱总司令、周总理一起，亲切接见了李殿冰。在吃饭的时候，周总理与李殿冰坐在一起，不知怎么说起了李殿冰的名字。总理问："你的名字，谁给起的？"

李殿冰赶紧回答："是我爷爷给起的。他希望我长大以后能成为宫殿里的一名士兵，保卫宫殿。"（当时他还叫李殿兵）

总理轻轻地摇摇头，说道："宫殿是封建的东西，对旧的东西，我们应该冷淡它，不应亲近它。你能不能把'兵'改成'冰'啊？'冰'就是冷淡的意思，冷淡旧的东西，让封建那一套永远成为历史！"

李殿冰听后十分高兴，立刻听从了周总理的建议，把"兵"字改成"冰"，从此他的名字就叫"李殿冰"了。

李殿冰曾任中国人民解放军河北省新乐县人民武装部部长。1971年，李殿冰离休，回到了家乡。此后他继续发挥余热，一方面发展农业生产，一方面抓紧民兵建设，依然是干劲儿十足。他也因此先后五次被曲阳县评为"退休不褪色"的模范。

烽火中的好发明

化整为零消耗日寇

麻雀战法是游击战术中的重要战法,虽不是技术类的发明,但作战效果甚好。本文就以麻雀战的典型战斗来说一说麻雀战是一大发明。

华北地区的抗日根据地自创建伊始,便面临着日军持续不断的围攻。如何组织有效防御,成为抗日根据地长期坚持和生存下去的重要前提。

面对日军残酷频繁的"扫荡",抗日根据地几乎每年都要进行多次反"扫荡"作战。据八路军政治部资料记载:"以晋察冀边区和太行区来说,1943年就各有持续三个月之久的长期毁灭性'扫荡'。"敌军一旦发动进攻,抗日根据地必须立即设法牵制其推进节奏,为后方的人员转移、物资掩藏和战斗部署赢得时间。而此时,麻雀战便成为最常用、最灵活的应对战术之一。

麻雀战之所以成为阻滞日军进军的常态性战术选择,根源在于敌我双方军事特征的对比。一方面,虽然日军在华北兵力强大,一度占日军在华总兵力的近两成,但华北地域辽阔、村落密布,敌人不得不分兵驻守、点线展开,导致每次进攻一个村庄的兵力相对有限。比如在"扫荡"沁源时,日军从城关至交口仅40里,却在中段20里用了8小时,因为沿途不断遭到民兵麻雀战的袭扰,行军屡屡受阻。

另一方面,抗日根据地的抗日武装力量也有限。根据地的民兵(图3-10),因武器简陋、战力不足,不适合与敌军正面对抗。因此,几人或十几人为一组的小股游击队、民兵,分散灵活、见机出击,便成为最合适的防御策略。这种"以小打大""以动制静"的游击方式,正是麻雀战术的精髓所在。

图 3-10 根据地的民兵

1941年,太行抗日根据地的做法更具系统性:一有警报,当地民兵立即分为两路,一部分掩护群众和牲畜撤离,一部分则在前方以麻雀战牵制敌人,避免敌军大肆烧杀破坏。这一战术迅速在华北各地推广,成为反"扫荡"斗争中的常规战术。

虽然麻雀战多被视作防御手段,但在进攻作战中同样能发挥奇效。装备简陋的游击队若想撼动装备精良的日军,往往需要在战前先通过麻雀战连续袭扰让敌人日夜难安,士气低落,不断消耗敌人的弹药和体力,削弱其战斗力。只有当敌军身心俱疲、防线松动之时,正面进攻才能占据优势。

更重要的是,麻雀战具有极强的战术诱导性:可以引诱日军小股出击,从而各个击破;可以制造混乱,迫使敌人频繁调动、情绪紧张;甚至可以使敌人形成"虚惊"的心理惯性,在遭受游击队真正进攻时,他们反而掉以轻心、难以应对。在很多战例中,麻雀战不仅成功打乱了日军行进节奏,更为后续大部队进攻打下了坚实基础。

麻雀战是抗日根据地军民在烽火岁月中以智慧与勇气创造出的民间战术奇迹。它不仅节省兵力、装备简单、组织灵活,而且极具实战成效,是人民战争体系中最接地气、最有生命力的战术之一。

1 范村之战开"麻雀战"之先河

1937年9月,八路军一二九师七七一团团长徐深吉率部东渡黄河,开赴华北抗日前线。根据一二九师师长刘伯承的命令,徐深吉率七七一团二营到范村一带,与日军展开游击战。

范村位于山西省太谷县城东北约25公里,距同蒲铁路(从山西省大同经太原到芮城县蒲州镇以南的风陵渡)10余公里,地处交通要冲。11月26日,太谷城日军出动600余人,配备火炮6门、汽车2辆,大举进犯范村。敌军行军排成一字纵队,未设警戒,显然没把八路军放在眼里,毫无忌惮。

此前,徐深吉曾在七亘村和黄崖底两次交战中初步摸到了一些日军的作战特点和规律:进攻通常以炮火开路,若未遇抵抗便迅速推进,一旦遭遇火力反击,则重新组织炮击,直至压制火力后再度前进。对此,徐深吉在战前作战会上明确指出:面对敌众我寡的局势,不能硬拼,必须化整为零,打游击战,灵活机动地牵制、消耗敌人。

战斗当日,徐深吉指挥二营八连担任正面游击防御任务,一排负责诱敌深入,二排、三排则三五人为小组,分散埋伏于山坡和道路两侧,灵活出击,速战速撤。徐深吉则率二营主力埋伏在范村东侧山梁,伺机伏击(图3-11)。

图3-11 范村战斗示意图

当日军先头部队接近八连阵地时，伏兵突然一齐开火，击倒四五名敌人后迅速转移。日军骑兵随即增援，展开火力压制，但未见还击，便继续推进。八连一排在村西北设伏，待敌深入即突然射击，毙敌数人。敌人慌乱中分散还击，却不敢贸然冲锋。

随后，五六十名日军骑兵意图绕袭范村南面，徐深吉准确判断其意图，当机立断率部向村东隐蔽撤离，占据新阵地。当敌骑兵抵达村东500米处的小山时，八连二排骤然开火，击毙十余人，继而迅速转移至北田受村西一线。敌军炮火盲目轰击一通，依然无所获，再度推进。此时，八连一排则不断引诱敌人深入山谷，敌军紧追不舍，追至北曲河村一带。埋伏在山坡上的八连三排战斗小组居高临下、轮番射击，前后夹击使敌军混乱不堪、防不胜防。

就这样，八连一排"牵着敌人的鼻子走"，在山沟中来回兜圈，拉锯十余里，不断消耗敌人的有生力量。敌人追得心浮气躁，却始终摸不清八路军动向，只能被动挨打。直至下午3点，日军精疲力尽，无计可施，只得开始撤退。临走前，他们抢走几辆村民的大车和十几匹骡马，驮着伤兵与尸体狼狈撤回太谷城。

这一战，徐深吉仅率一个连，与日军步、骑、炮兵共600余人鏖战6小时，日军发射炮弹200余发，却无一命中我军。我军以零伤亡的代价，毙伤日军近百人，击毁敌车一辆，干净利落取得了胜利。

战斗结束后，战士们自编顺口溜一首："只听敌人炮声响，未见我军有伤亡；消灭敌人保自己，这次战斗真漂亮。"

捷报传至师部，一二九师师长刘伯承高度评价此战为一次典型的消耗战，称赞"既消耗了敌人，又保存了自己"。他形象地说："就像麻雀觅食，三五成群，忽聚忽散；敌人一反击，就无影无踪；敌人一撤退，又呼啸而来，一阵猛打。"并把这次战斗命名为"麻雀战"，称其为"我们七七一团发明的作品"。

范村之战，一战成名，不仅开启了八路军在晋东南正规部队使用"麻雀战"的先河，也为后续各部队和游击队广泛推广这一战术提供了范例。太谷范村"麻雀战"由此载入军史，成为中外公认的八路军经典战例之一。

2 沁源反"扫荡"

在著名的沁源反"扫荡"战役中，麻雀战充分展现了其在袭扰和牵制敌军中的独特威力。

1942年，华北日军将太岳抗日根据地的沁源地区划为"山地剿共实验区"，调集重兵重火力，对该地展开全面围剿，妄图一举歼灭八路军和地方抗日武装力量。

面对强敌压境，八路军与地方游击队采取灵活机动的战术展开顽强反击。麻雀战成为遏制敌军进攻、削弱其战斗力的重要方式。

在敌人调集部队、运送辎重途中，游击队频频出击，采取小股分散袭扰的方式，对敌形成"软绵之中藏利刃"的效果。游击队故意示弱，使敌人放松戒备，数次小打小闹之后，蓄势发动一次集中进攻，给敌人以沉重打击。这种"麻雀战中的集中战"，屡屡奏效。

随着战术升级，敌人开始改变行军方式：两翼设防、中路运输前进，而八路军则反其道而行之，专门伏击其两翼侧卫部队。

沁源军民正是凭借这种灵活机警的麻雀战战术，在极端困难的条件下坚持战斗，有效拖慢了日军的推进速度。最终，他们成功顶住了日军多轮围剿，不仅粉碎了日军"山地剿共实验区"的计划，也牢牢巩固了太岳抗日根据地的防线。

3 磨河滩火车站

百团大战期间，八路军广泛采用分散袭扰与集中突击相结合的方式，持续不断地消耗敌军有生力量。其中，晋察冀军区第四军分区五团一连奉命担起攻打磨河滩火车站的重任。

磨河滩火车站是日军重要据点，兵力雄厚、装备精良，而五团一连兵力有限、武器简陋，处于明显劣势。面对强敌，连党支部冷静分析战场态势后，制定了一套"先疲敌、再突袭"的巧妙战术：先派少量兵力轮番袭扰，扰乱敌军阵脚，等敌人彻底疲惫，再集中主力一举歼击。

夜幕降临，风雨交加之夜，连长邓世军带着7名党员骨干率先展开袭扰战。他们悄然接近日军阵地，趁夜深人静之际，突然投出手榴弹、打响排子枪，霎时间枪声、爆炸声此起彼伏。几乎同一时间，兄弟部队从东西两翼同时发起攻势，大炮、重机枪、炸药包齐齐轰响，山谷响声如雷，火车站的日军从梦中惊醒，仓皇应战，胡乱开火（图3-12）。

图3-12 日军胡乱开火

因担负驻守火车站的战略任务，敌军不敢贸然出击，只能被动防御。7名袭扰战士趁乱迅速撤离，悄悄回到村里，一边喝着老乡准备的热腾腾的绿豆稀饭，一边策划下一轮袭扰。

当夜，这7人分成小组，前后4次轮番袭击敌军阵地。每一次都如幽灵般突现，又如旋风般消失。他们时而从山坡袭扰，时而从村后射击，让敌人摸不着头脑，只能死守战壕。而此时，大雨倾盆而下，日军整夜无法撤离，只能在雨中颤抖等待下一轮袭击。

就这样，7人的小分队用连夜袭扰战术，极大地消耗了敌人的体力和士气。

第二天拂晓，趁敌疲惫不堪之际，一连发起总攻，一鼓作气，打得日军措手不及，最终毙伤敌军200余人，取得关键性胜利。

战斗结束后，连长邓世军被授予"晋察冀边区特等战斗英雄"荣誉称号，五团一连也光荣地被命名为"血战磨河滩英雄连"。

这场以少胜多、以智取胜的战斗，不仅打击了敌人的嚣张气焰，更为麻雀战和游击战战术增添了经典范例。

4 襄垣县史北镇战斗

1939年9月，在晋冀豫抗日根据地襄垣县史北镇，八路军总部特务团七连与六区基干队接头时，突遭日军1500余人大规模"扫荡"突袭。

面对兵力悬殊、装备悬殊的巨大劣势，特务团七连迅速做出决策：化整为零，施展麻雀战术，以灵活机动拖住敌人，掩护主力安全转移。

战斗在清晨打响。上午7点半，南路敌军在东高庙一带遭到我军主力伏击，枪声骤然响起。与此同时，埋伏在西线黎崖山岗上的七连战士立即四散开来，像一群麻雀，分赴各个山头，从四面八方同时对日军展开猛烈射击（图3-13）。

遭到袭击的日军仓皇应对，迅速集中兵力向火力最猛的一座山头发起冲锋。但当日军气喘吁吁地冲上山顶时，却只见一片空旷，人影全无，枪声也已消失。

就在敌人愣神之际，另一侧山头又爆发出一阵密集的枪声。日军掉头再扑过去，结果仍旧扑了个空。就这样，七连战士不断变换阵地，时而现身，时而消失，像耍猴一样把敌人在史北镇周边10余里的山头上来回调动，弄得敌人晕头转向，防不胜防。

图3-13 日军受到四面八方的攻击

几轮下来,七八百名日军被一个连的"麻雀兵"牵着鼻子团团打转,精疲力竭,却始终抓不到八路军的主力。而就在敌军疲于奔命之际,八路军主力部队悄然脱离战场,顺利转移至下良、曹坪一带,成功摆脱了合围,保存了宝贵的有生力量。

史北镇一役,七连以极少的兵力,通过灵活机动的麻雀战术,有效牵制了敌人,为整体战局赢得了宝贵时间。

5 雄县战斗

麻雀战以多点出击、灵活袭扰的方式,不仅能有效威慑日军,还能打乱敌人的预定作战计划,使其陷入被动。

1944年,在冀中抗日根据地雄县,区小队的60多名民兵正在伪军据点附近活动。就在这时,前方浒冢村方向突然出现大批日军,正朝着民兵驻地悄然推进(图3-14)。

当时天色微亮,晨雾未散,日军尚未掌握民兵的具体动向。局势紧急,区小队必须迅速应对,否则一旦被敌人合围,将凶多吉少。

武委会主任尹克信当机立断,迅速指挥民兵分成若干小组,利用地

图 3-14 遭遇大批日军

形掩护，悄悄向浒冢村方向靠近，准备打一场机动灵活的麻雀战。

随着一声枪响，隐蔽在各处的民兵小组同时向敌人发起袭扰。四面八方忽起枪声，打得敌人一时间摸不清虚实，误以为遇到了八路军主力增援。日军惊慌失措，掉头夹着尾巴狼狈撤回了据点。

这一场精心布置的麻雀战，不仅成功阻击了敌军的进攻，还避免了区小队被合围歼灭的危险。最终，小队全体队员安全撤离，无一人伤亡。

雄县武委会对这场麻雀战给予了高度评价，专门表彰了区小队的机智应变与英勇作战。这场小规模、零伤亡的胜利，再一次印证了麻雀战术以少胜多、灵活制敌的巨大威力。

发明思维大讨论

在艰苦卓绝的抗日战争中，中国军民凭借非凡的智慧与顽强的斗志，创造出多种灵活而高效的游击战术，"麻雀战"就是最具独特创意与代表性的一种游击战。

麻雀身形小巧，动作敏捷，分散而灵活。麻雀战正是巧妙借鉴了麻雀的这一自然习性，通过小股兵力机动作战，以灵活多变、时聚时散的方式打击敌人。值得特别指出的是，麻雀战不仅体现了战术灵巧，更是一种战术方法的发明。

在创新领域，发明通常分为实物发明与方法发明。实物发明较易理解，如火药、指南针的发明等；而方法发明则聚焦于新的工艺、流程或操作体系的创造。例如，印刷术革新了文字传播方式，提高了知识的传播效率；现代基因编辑技术开辟了精准改造生物基因的新路径；而软件发明，则将技术创新延伸到了无形的知识和应用中。虽然方法发明不具实体形态，但其影响力却常常更为广泛，涵盖生产、科研乃至军事作战等领域。

在战法发明领域，"三三制"步兵战术便是一个典型例子。"三三制"将3人编为一小组，3个小组组成一个班，3个班构成一个战斗群。小组内分工明确，编制呈三角形展开，既有效分散兵力、降低伤亡，又便于集中火力，提升整体作战的灵活性与协同性。这种战术，极大地提升了步兵在复杂战场环境下的生存与打击能力。

同样地，麻雀战的诞生，也凝聚了极高的战术智慧。它综合了灵活应变、避实击虚、情报先行、以迂为直等多种作战要素（图3-15），并强调它们在战场上的有机融合。正是通过这种因地制宜、灵活组合的方法，麻雀战才能不断打出出其不意、攻敌不备的作战效果。

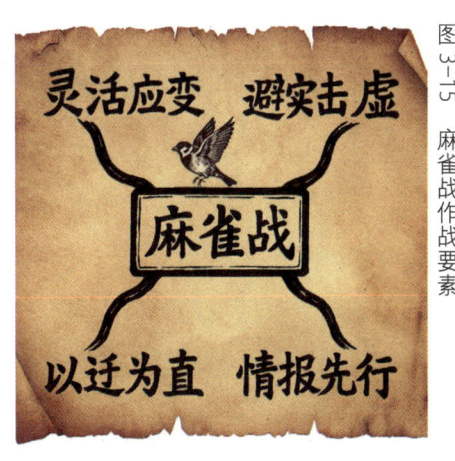

图 3-15 麻雀战作战要素

创新迁移前景广

麻雀战不仅是游击战术的创新,更是中国军民在绝境中用创造性思维战胜强敌的生动写照。

1 灵活应变与"兵无常势,水无常形"

《孙子兵法·虚实篇》中有言:"兵无常势,水无常形,能因敌变化而取胜者,谓之神。"这句话强调,作战必须灵活多变,随机应变,绝不能拘泥一格。历史上宋襄公在泓水之战中,因坚持"仁义",拒绝在楚军半渡时出击,反而坐等敌军渡河列阵完毕后才开战,最终导致宋军惨败,自己也重伤而亡,成为僵化作战思维的典型教训。

麻雀战正是对"兵无常势,水无常形"这一理念的生动践行。其独特之处首先体现在作战形式的灵活机动:像麻雀觅食般,三五成群,忽东忽西,忽聚忽散,行踪难测。抗日军民并不固守传统的大规模集结作战模式,而是将兵力分散成小股三五人的战斗小组,如同散落在田野中的麻雀群,降低了被敌人一网打尽的风险。

但这种分散并非孤立无援,各小组之间密切协同配合,一旦某一小组发现敌踪并发起攻击,周边的小组便能迅速响应,从不同方向合围支援,局部形成以多打少的优势兵力,对敌人实施围歼。正是这种灵活高效的战斗机制,让麻雀战成为极具威胁力的战术手段,让日军常常陷入四面楚歌、疲于应付的困境,充分彰显了麻雀战在战术执行上的创造性和生命力。

事实上，类似麻雀战的灵活应变思想，在现代战争中也有广泛应用。许多战术灵感直接来源于动物行为模式，如狼群战术和蜂群战术，均在战场上取得了显著成效。

狼群战术，源自狼群捕猎时分工明确、协同围攻的特点。二战期间，德国海军将这一策略应用于潜艇作战，多艘潜艇分散在辽阔海域巡逻侦察，一旦发现盟军商船队，迅速集结，从不同方向发动攻击（图3-16），使敌方护航舰只疲于应对，极大削弱了盟军的海上运输力量。

图3-16 德国潜艇的狼群战术

蜂群战术，则借鉴了蜜蜂群体出动时数量庞大、行动灵活、攻击性强的特性。现代无人机蜂群作战（图3-17），便以大量低成本、小型化无人机组成编队，执行侦察、干扰、攻击等多重任务。通过以量取胜、分散敌方防御，部分无人机吸引火力，其余则伺机突袭，突破防线，对关键目标实施精准打击。这种战术极大提升了作战灵活性与效能，也对传统防空系统构成了严峻挑战。

图 3-17 无人机蜂群战术

2 寻找转机与"以迂为直,以患为利"

《孙子兵法》中"以迂为直,以患为利"的思想,倡导通过迂回曲折的途径达到目的,从不利的形势中寻找转机,化被动为主动。

在麻雀战中,抗日军民正是巧妙地运用了这一理念。面对装备精良、火力强大的日军,我方并不与之正面硬拼,而是采取灵活机动、以迂为直的战术策略。例如,在山区作战时,游击小组沿着蜿蜒曲折的山路灵活穿插,利用地形掩护进行袭扰。相比之下,日军大部队行动迟缓,追击困难,反而在反复奔波中耗尽体力,士气渐失。与此同时,游击队通过反复的消耗战,逐步削弱日军有生力量,破坏敌人的补给线和后勤支援。看似曲折迂回、零敲碎打,实则步步为营,在局部胜利中积蓄力量,最终实现由小胜到大胜的战略转变。

实际上,"以迂为直,以患为利"的思路,在军事和商业领域均有成功的范例。

在第二次世界大战期间,盟军开辟欧洲第二战场时,面临如何登陆法国的抉择。从地理上看,加莱海峡最窄,距离英国最近,看似是最理想的登陆点。然而德军也正因其重要性而在加莱布下重兵。面对这一"实",盟军果断采取"以迂为直"的策略。他们在加莱方向大张旗鼓地演练,制造登陆假象,成功吸引了德军的注意力和兵力布防。真正的主攻方向则悄然转移至防守薄弱的诺曼底地区。1944年6月6日,盟军发动了诺曼底登陆(图3-18),打了德军一个措手不及,为欧洲战局的扭转奠定了决定性基础。这场战役,是"以患为利"策略的经典胜利。

图3-18 盟军诺曼底登陆

总之,麻雀战不仅在作战形式和战术运用上与《孙子兵法》的智慧高度契合,更在战略思想层面展现了极高的创造性与灵活性。它是中国抗日军民在极端艰苦的条件下,因地制宜、因敌制胜的智慧结晶。麻雀战以独特的作战模式、巧妙的部署安排和显著的战术效果,在抗战历史上留下了浓墨重彩的一笔,为抗日战争的最终胜利贡献了不可磨灭的力量。

附注:更多麻雀战方面的资料参见

(1)李殿冰故居,地址:河北省曲阳县尖地角村。

（2）范村民兵纪念馆，地址：山西省晋中市太谷区范村镇。

（3）徐深吉将军铜像，地址：湖北省红安县七里坪区徐家河村。

（4）电影《麻雀战》（杨柳青与贾占儒联合编剧，2024年备案立项）。

第四章

水泊逞威

— 水上游击战 —

雁翎队，是神兵，

来无影，去无踪。

千顷苇塘摆战场，

抬杆专打鬼子兵。

这首在白洋淀广为传唱的民谣，正是对抗战时期活跃在这一带的传奇水上游击队——雁翎队的生动赞颂。

雁翎队，是一支在抗日战争烽火中诞生、在水网苇荡中成长的英雄民兵部队（图 4-01）。他们身着便衣，足蹬草鞋，驾小舢板，穿行芦苇丛，出没无踪，机动灵活，冷不防的一枪一炮，专打侵华日军，让盘踞在白洋淀周边的日军闻风丧胆。

凭借着高超的水上作战本领和极强的地方优势，雁翎队被誉为"荷叶兵""水上飞将军"，并曾多次受到八路军第三纵队兼冀中军区九分区的通报嘉奖。

白洋淀，这片浩渺的水域，是雁翎队赖以生存和作战的天然屏障。白洋淀水系广阔，纵横交错，连接着安新、高阳、雄县、容城、任丘等地，

图 4-01 雁翎队

汇集了 143 个大小不一的淀泊，总面积达 50 多万亩。这里荷叶飘香，芦苇茂盛，鱼虾肥美，稻谷飘香，是华北平原上一片富饶而又神秘的水乡泽国。

更重要的是，白洋淀既是水产宝地，也是重要的交通枢纽。它左边接府河，右边通过赵王新河连通大清河，周边的保定、天津都是重要城市，地理位置极其重要。淀内三分陆地，七分水面，水道如织，港汊纵横，苇丛密布，为隐蔽行踪、奇袭作战提供了得天独厚的条件。

1938 年秋，日寇的铁蹄踏进了白洋淀，这片原本宁静富饶的水乡从此陷入浩劫，"无村不戴孝，遍地是狼烟"，顷刻化作人间地狱。

日军为巩固侵略统治，在白洋淀地区推行"献铜、献铁"，打着征用金属器具的旗号，强制收缴猎户们赖以谋生的大抬杆枪和猎枪，意图彻底解除淀区人民的武装反抗能力。为了揭露日军收缴武器的阴谋，打破敌人的统治阴影，奉中共安新县委指示，三区区委书记徐建、区长李刚义在大张庄召开紧急会议，召集了郭里口、王家寨等地的水上猎户，动员大家组织起来，拿起武器，奋起抗击侵略者。

会后，猎户出身的孙革、姜秃、赵保亮、邓如意、赵波（当年 16 岁）

等二十余人响应号召,集结成了三区小队,组成了一个战斗班。1940年夏,随着抗击斗争的不断深入,经过县委批准,这支小队从三区小队中独立出来,正式成立了"雁翎队"。

最初,雁翎队装备极为简陋,主要武器是被当地人称为"大抬杆"的土枪。这种枪身长达3米以上,口径在50～100毫米之间,是一种前膛装填式火枪(图4-02)。虽然造型粗笨,但在近距离作战中威力巨大。这种枪往往需要两人合力抬起才能操作,因此得名"大抬杆"。在白洋淀的水战环境中,大抬杆被固定在小船上使用,是打击敌军的利器。

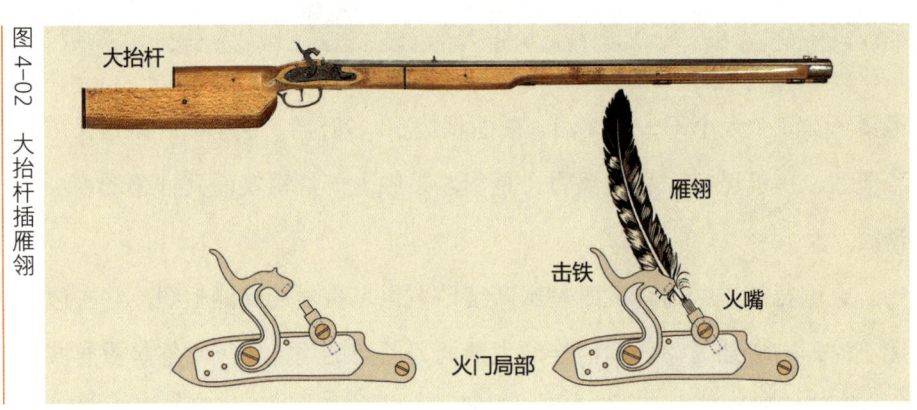

图4-02 大抬杆插雁翎

然而,大抬杆需要通过火门引发,火门又极易受潮,雨天作战尤其困难。为了解决这一问题,机智的游击队员们便将雁翎插在火门上,用来遮挡雨水,防止火门受潮失效。雁翎就是大雁身上较长的羽毛,也称翎羽(图4-03)。时任县委书记侯卓夫看到这一独特又质朴的小发明后,深受感动。侯卓夫笑着说:"就叫你们雁翎队吧!"

图4-03 大雁及雁翎

于是，这支以水为阵、以苇为盾的游击队，正式拥有了一个响亮而独特的名字：雁翎队。

雁翎队成立后，迅速补充了一艘四舱船和 28 只排子船，队伍人数也扩展到了 40 余人，编为 3 个战斗班。当时队上仅有 3 支手枪和 4 支冀中造步枪，主要作战武器仍是大抬杆，装备十分简陋。

自此白洋淀水域拥有了两支水上游击队：三小队和雁翎队。三小队主要活跃在郭里口、下四庄子（季庄子、杨庄子、孙庄子、何庄子）及赵北口一带，雁翎队则以大田庄为中心展开抗日斗争。两支小部队时而分散独立作战，时而协同联合行动，灵活机动地在白洋淀纵横穿梭，展开了一场场英勇顽强的水上抗战。当时，乡亲们亲切地把这两支部队统称为"雁翎队"。

在这片水天一色、荷塘万顷的天然战场上，雁翎队与敌人展开了无数次机智而勇猛的水上游击战，在芦苇荡中谱写了一曲曲人民战争的壮歌。水上游击战的意义在于：

（1）开辟独特战略战场。水上游击队充分利用水乡泽国的地理条件，开辟出独立的敌后战场，打破了日军仅重视陆地控制的战略设想，拓宽了抗战的战略空间。

（2）切断日军水上补给线。水上游击队通过伏击等行动切断日军水上补给，使日军难以保障前线物资供应，有效削弱其持续作战能力，牵制日军战略推进。

（3）保护战略资源与抗日根据地。水上游击队抵御日军对水域资源的掠夺和对根据地的侵袭，保障了抗日根据地的稳定与发展，为持久抗战保存战略资源。

（4）提升战略威慑与士气。水上游击队神出鬼没的作战方式，给予日军极大震慑。同时，取得的胜利极大地鼓舞了抗日军民的士气。

烽火英雄

"芦荡英雄"赵波

赵波(图4-04),1922年出生在白洋淀水乡一个贫苦的渔家。

图4-04 赵波

1937年七七事变爆发之后,侵华日军的铁蹄踏遍华北平原,长城内外狼烟四起,一片刀光剑影,喊杀连天。无数村庄被洗劫,烈焰冲天,浓烟滚滚,华北大地一片悲怆。在血与火的压迫下,白洋淀人民燃起了无比浓厚的抗日激情。

1938年秋,水上抗日游击队成立之初,年仅16岁的赵波怀着满腔怒火投身到雁翎队的行列,很快就成为既能侦察又能战斗的骨干队员,后来还担任了雁翎队的分队长。

1943年12月,赵波被冀中九分区评为"战斗英雄";1960年,他又作为雁翎队代表,参加了全国民兵代表大会。

电影《小兵张嘎》中机智勇敢的小嘎子,正是以赵波等英雄为原型塑造而成的,而赵波本人也曾担任这部电影摄制组的顾问。

1 出手不凡

赵波刚参加雁翎队不到三天,就立下大功。

那是一个寒冷的夜晚，天空寂静无星，一轮孤月洒下惨淡的光芒。赵波在外抓野兔，不料在路上遇见了一名伪军。他悄悄尾随，只见那伪军一路匆匆来到赵北口汉奸张德清家。赵波躲在门外屏息细听，得知张德清正计划带着 9 名日军和 13 名伪军，乘汽船去安新据点开会。

赵波火速将情报带回，雁翎队随即制订了伏击计划。他们在汽船必经的赵庄子与下张庄之间的芦苇荡设伏，静静等待。

傍晚，汽船缓缓驶入芦苇丛中。敌人进入埋伏圈，雁翎队员们手持大抬杆，一齐开火！空气中炸雷般的枪声响起，惨叫声随之而起。血肉横飞之间，敌人死伤 20 多人，仅有 1 名负伤的日军侥幸逃回赵北口。

凭借这次准确侦察，赵波被任命为专职情报侦察员。从此，他在白洋淀上神出鬼没，屡立奇功，敌人恨之入骨，称他为"鬼难拿"。

2 伏击巡逻艇

1941 年夏，日军调集 130 多艘汽船，配合步兵和骑兵，对白洋淀展开水陆联合大"扫荡"。

一天夜晚，赵波在侦察中发现，20 余名日军、30 余名伪军，乘坐两艘汽船前往赵北口，预计深夜返回。他立刻将情报报告给指挥部。

雁翎队和区小队迅速决定设伏拦截，由赵波带队执行任务。月色迷蒙，微风拂动，芦苇丛中波光粼粼。赵波和队员们隐伏在苇丛，手持长枪，屏息凝神，静待猎物上钩（图 4-05）。

很快，敌人的汽船返航。待其驶入伏击圈，赵波率先扣动扳机，枪声划破夜空，掌舵的日军应声倒地。随即，雁翎队火力全开，击毙敌军 20 余人，包括小队长中下太郎。当敌援军赶来时，赵波已带领队员们悄然潜入芦苇深处，安全撤离。

图4-05 准备伏击敌汽船

3 芦荡大捷

1943年10月,天津日军用百余艘货船满载军火沿大清河运至白洋淀赵北口码头,计划由安新日伪军护送至保定。

赵波在赵北口码头探到情报后,立即率雁翎队赶到王家寨东边的横堰苇荡设伏。

翌日正午,百余艘敌船缓缓驶来,伪军船只打头阵。赵波一眼便识破敌人花招,下令放过前排伪军,专等真正押运军火的日军船只。

待军火船只驶入埋伏圈,赵波高喊:"同志们!就是这儿,打!"顿时枪声大作,弹雨如织。雁翎队队员分头绕至敌船两侧,猛烈开火,手榴弹如暴雨般飞掷。芦荡间火光冲天,敌军惨叫连连(图4-06)。

赵波率队乘小船迅速冲上敌船,接连夺下3艘船只。战斗结束后,缴获轻重机枪各1挺、步枪110支、手枪10支,毙敌10余人,战果辉煌。

图 4-06 雁翎队围攻军火船

烽火中的好发明

★

葫芦水雷炸敌船

1 葫芦水雷炸敌船

白洋淀曾是华北内陆的重要水上交通枢纽和黄金运输通道。日军侵占新安城后，经常从天津沿大清河源源不断地将军用物资运往保定。雁翎队成立后，扛起了一个重要任务：开展水上游击战，伏击日伪军船只，切断敌人的运输线。

1939 年 8 月的一天下午，雁翎队队员在小木船上，凭借打猎用的大抬杆枪，成功伏击了一艘装备精良的日军机动船，并安全撤离（图 4-07）。初战告捷，大抬杆枪在实战中的巨大威力极大地鼓舞了白洋淀军民，也让日伪军自此闻"雁翎队"色变。

图 4-07 雁翎队使用大抬杆枪的场景

雁翎队队员们凭着惊人的水性和射击技艺，依托芦苇和水藻的天然掩护，三三两两驾着小船四处分散活动，袭扰敌人。

图 4-08 日军汽艇在巡逻

面对雁翎队的灵活打法，敌人恼羞成怒，发誓"平靖湖面"，他们砍倒芦苇，清理蒲草，派大批汽艇和木船在湖上巡逻。每艘敌船上还立起高高的瞭望台，凭借强大火力阻止任何船只接近，整个白洋淀一度被严密封锁（图 4-08）。

雁翎队见势，果断改变战术，由水上作战转为更分散的村庄伏击。他们化装成包着头巾的洗衣妇，或是悠闲的垂钓者，静静潜伏在村岸附近，只待敌船单独出现时，便迅速拔枪泅水攻击，直至将敌人彻底歼灭。

为了彻底断绝敌人水上运输，雁翎队还动员淀区乡亲们在河里沉入大树，封锁水道。他们巧妙制造漂浮于水面的"葫芦水雷"（图 4-09），或将地雷暗藏在水藻丛下，暗中炸毁了无数往返天津与保定的敌船。

图 4-09 漂浮于水面的「葫芦水雷」

在那片碧波荡漾、荷叶田田的白洋淀上，雁翎队用智慧与勇气谱写了一曲曲人民抗战壮歌。雁翎队从成立到 1945 年配合主力部队解放新安城，由 30 余人逐步发展到 100 多人。他们凭借水上、冰上优势，在与日军的对抗中，仅以牺牲 8 人的代价，击毙、俘虏近千敌人，其中有 16 次战斗甚至一枪未发即获胜，被誉为"淀上神兵"。正如《白洋淀志》中所载："抗战期间，雁翎队历经大小战斗近百次，击毙、俘虏日伪军近千人，缴获大批武器弹药，在中国抗战史上留下了光辉的一页。"

1943 年 7 月，年仅 22 岁的战地记者穆青赴延安中央党校采访，在那里遇到了一位来自冀中的同志，听到了雁翎队的故事。穆青深受触动，很快创作了脍炙人口的报道《雁翎队》，生动描绘了那些头顶荷叶、潜伏于茫茫芦苇荡中、随时准备出击的游击队员们。这篇报道迅速在敌后抗日根据地广为传颂，极大地鼓舞了全国抗战军民的斗志。

雁翎队，这支以水为阵、以芦苇为盾的英雄队伍，用汗水与鲜血，将自己的名字深深镌刻在中国革命的光辉史册之上。

2 大抬杆优化威力增

1938年8月的一个午后,雁翎队得到情报:安新县城的20多名日军和30多名伪军,分乘两艘巡逻汽艇前往赵北口运送物资,预计当日下午返回。雁翎队当即决定,设伏拦击这两艘敌艇。

队员们乔装成渔民,划着小船,悄悄进入一片茂密的芦苇荡。待小船停稳,他们掀开船边的渔网,露出藏匿的大抬杆——那粗如成人手臂的钢管火枪。

盛夏时节的白洋淀,碧波浩渺,荷花盛开,芦苇密布。一望无际的苇塘与荷塘,成为雁翎队天然的掩护屏障。熟悉地形的他们,将伏击地点选在了李庄子村东侧的大清河道旁。这里河宽水深,无杂草阻挡,是敌人汽艇和大型船只的必经之路,而周围密集的芦苇荡则为伏击提供了绝佳隐蔽条件。

战士们在大抬杆内装上比平时更多的火药,填满最大号的铁砂颗粒,并小心调整小船上大抬杆的方向与角度,以扩大杀伤范围。为了提高发射速度,他们干脆用火药直接连通两支大抬杆的引火处,省去烦琐的药捻点火步骤。

一切准备就绪后,队员孙革点燃了手中的檀香——这是伏击开始的信号。大家屏息凝神,静静埋伏,就像等待猎物上钩的猎人一样。

太阳渐渐偏西,远处传来了低沉的"嘟嘟"声。两艘日军巡逻艇破水而来,两艘船谨慎地拉开了前后距离,以便互相照应。随着汽艇靠近,艇上架设的机枪已清晰可见(图4-10)。

雁翎队决定速战速决,集中火力打掉第一艘敌艇!"轰隆隆!"一阵雷鸣般的巨响划破长空,大抬杆喷出密集如雨的铁砂,猛然扫向第一艘敌艇。近距离下,数桶铁砂一齐轰出,巨大的冲击力将船上的敌人瞬间打得血肉横飞,大半敌兵当场毙命,有的甚至直接坠入河中。船上仅

图 4-10 敌两艘巡逻艇一前一后驶来

剩的一名扶舵日军也身负重伤,奄奄一息。

后方的第二艘敌艇见状,立刻开始用机枪扫射,子弹如雨点般打向雁翎队的埋伏地。但此时,大抬杆刚打完,需要重新装填火药和铁砂,短时间内无法反击,而射程本也有限,即便装填完成,也无法对远处的敌艇造成威胁。

情况危急,按照预先制订的计划,雁翎队迅速决定撤退。敌人凭借火力优势追击而来,疯狂扫射整个芦苇荡。但当日军小心翼翼地冲入芦苇丛中时,却惊讶地发现四周静悄悄的,连个人影也没有。

原来,雁翎队员们早已趁敌人乱成一团之际,悄悄划动小船,借着密集的芦苇和大片荷叶的掩护,朝相反方向迅速撤离。

3 空心芦苇管立大功

1939 年初秋,华北平原的水乡已染上了一丝丝凉意。白洋淀上,湖水悠悠,芦苇摇曳,在一片宁静祥和的景象下,却暗藏着紧张的战斗气息。

这天夜里,雁翎队又接到了一项重要任务——截击一艘敌人的运输汽艇。

十几只插着雁翎的鹰排船,在夜色的掩护下,如水鸟般悄无声息地驶向赵北口至葛利口之间的要道。船上,二三十名战士神情坚毅,目光如炬,心中明白此次任务的艰险,却无一人退缩。

这片水道长约 10 里,宽半里至 1 里,两岸密布芦苇和蒲草,宛如大自然赐予雁翎队的天然屏障。队员们驾船悄然滑入芦苇深处,娴熟地将小船隐匿起来,动作轻盈又迅速。随后,他们毫不犹豫地脱下衣裤,悄然跃入水中。湖水微凉刺骨,却丝毫未能减弱战士们高涨的斗志。

在芦苇边缘,队员们布置了一个侦察哨。放哨人浸没在水里,仅露出两只警觉的眼睛,身上覆满水藻,与周围环境融为一体。湖水轻轻流过他的鼻尖,他却宛如礁石般静止不动,死死盯着前方的水面,不放过一丝风吹草动。

其他战士潜伏在水下,嘴衔空心芦苇管,带着武器潜伏在水底,悄无声息地等待敌船(图 4-11)。

时间一分一秒地过去,只能听见风吹芦苇的沙沙声,偶尔有水鸟惊

图 4-11 潜在水下的游击队员

起的扑棱声。队员们悄无声息地潜伏着,肌肉紧绷,如同满弦的箭矢,只待一触即发。

忽然,远处传来了隐隐约约的马达声。紧接着,一艘拖船拖着一艘运输艇慢慢靠近。船上几个敌兵正懒散地站岗,毫无警觉,丝毫没意识到死亡正悄悄逼近。

就在敌船驶入埋伏圈的瞬间,芦苇边缘突然响起一声尖锐的口哨,划破了寂静的夜空,惊起几只水鸟。这声口哨,仿佛是战斗的号角,瞬间点燃了整个芦苇荡!

"杀——"随着怒吼声骤起,湖面炸裂般响动。埋伏在水中的雁翎队队员们如猛虎出笼,从水下猛然跃起,有的手握匕首,有的持着长枪,带着水花直扑敌船(图4-12)!

图4-12 游击队员从水中跃出进行攻击

敌兵们还未反应过来,便已乱作一团,被雁翎队的猛烈气势压制得丧失了抵抗意志。几分钟之内,全部敌兵便被一一制服捆绑,毫无还手之力。

这一战,雁翎队轻松俘获了5名敌兵!

随即,队员们迅速开始转移战利品。他们用插着雁翎的鹰排船,将缴获的大量物资一船船运走：白糖、香烟、罐头、大米……对身处艰苦环境的雁翎队而言，无疑是雪中送炭。此外，还缴获了3支步枪和1挺轻机枪，大大增强了队伍的战斗力。

完成任务后，雁翎队队员们迅速撤离，船只如同一道道黑色箭影，消失在茫茫芦苇荡深处。这场干净利落的伏击，不仅狠狠打击了日伪军的嚣张气焰，也为抗战胜利再添辉煌的一页。

4 "扫帚炮"威名扬

在雁翎队成立之前，白洋淀的百姓饱受日伪军的掠夺之苦。敌人常常以低价强迫收购，甚至直接强抢大米、席箔等农副产品，然后押运到天津、保定等地。通常，日军驾驶汽艇开道，后面拖曳着三五十艘大船，浩浩荡荡，肆意横行。

雁翎队成立后，在队长郑少臣的带领下，开始反击敌人的水上运输线。几次行动中，趁敌人汽艇拐弯时，雁翎队巧妙地快速截下后方的货船。这些战果让日军又恼又怕，日军便调派更多汽艇，在白洋淀上四处横冲直撞，疯狂搜捕雁翎队的踪迹。

为了应对敌人的变招，雁翎队进行了多次侦察，逐渐摸清了敌艇活动的规律。日军汽艇通常沿河道中央航行，士兵分列船舱两侧，船头架设着一挺机枪。经过仔细研究，区委决定设伏，打敌人一个措手不及。计划是：当敌船驶近时，从两岸芦苇丛中同时开火，争取一举歼灭。

伏击地点选在靠近何庄子的一段河道旁，指挥所和观察哨设在一座高房中。雁翎队员们分成两组，隐蔽在河道两岸茂密的芦苇丛中。此次战斗的主要武器是大抬杆和火枪，这些土枪射程虽短，但近距离杀伤力极强，发射时打出的都是铁砂，成片散射，威力惊人。因此，队伍规定：敌船未至近前，不得开火。由老射击手、班长赵老群执行首发任务，他要一枪击中敌人的机枪手，打响第一枪。

第二天，敌人的汽艇如期而至，缓缓驶进伏击圈。随着赵老群果断的一枪，敌人船头的机枪手应声倒下！紧接着，几十支火枪、大抬杆一齐轰鸣，仿佛炸雷在苇塘中滚滚炸响，火光与烟雾瞬间弥漫开来。猝不及防的日伪军顿时陷入混乱，哭爹喊娘，哀号四起。日军哇啦乱叫，企图还击，却早已被铁砂打中，有的被击毙在水中，有的倒在船舱，有的被轰翻在船头。

一个日本小队长的屁股被大抬杆打得如筛子一般，惨叫连连。掌舵的鬼子亦中弹，挣扎着勉强将汽艇开回新安据点（图 4-13）。据战后统计，这场伏击战共打死日军 18 人，伪军 30 人。所有敌人的胸口、头部均布满铁砂痕迹。

图 4-13 鬼子挣扎着开船

那个被打穿屁股的鬼子捂着伤口嗷嗷直叫，一边惨叫一边喊："雁翎队扫帚炮的，厉害！"原来大抬杆发出的巨响让鬼子以为是炮，而发射出的一片铁砂，在他看来就像是"扫帚"（图 4-14）。从此，"扫帚炮"成了雁翎队的威名。每当日军听说雁翎队出没，便如惊弓之鸟，四散逃窜。

这场扫帚炮伏击战，不仅重创了敌人，更让雁翎队的名字在白洋淀水域威震一方，成为敌人心头的噩梦。

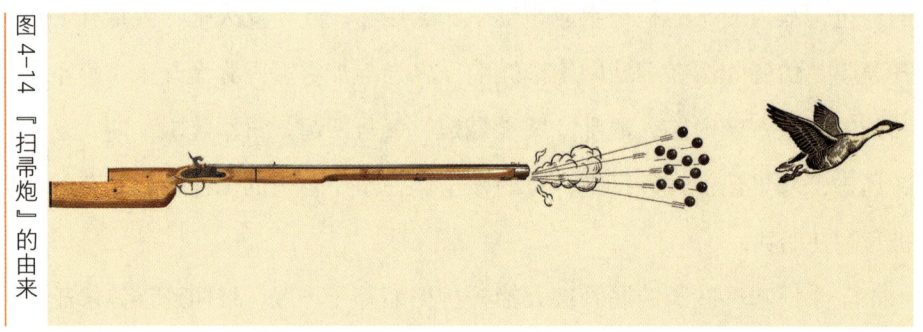

图 4-14 "扫帚炮"的由来

5 水草缠船桨荷叶军显神威

1943 年秋，冀中地区的日本侵略军正陷入苦战。保定通往北平的铁路被抗日军民切断，南下的敌人孤立无援，只能将运输军火、粮食等物资的希望寄托在大清河这条水上运输线上。

从天津到保定的水路，必须穿越白洋淀。可是，敌人又对神出鬼没、日益壮大的雁翎队心存畏惧，不敢轻易行动，只能采取几十艘船、上百人护送的方式，企图保障水上运输安全。运输船往返于保定和天津，南北奔波，源源不断地为日军输送军火与煤炭。

为了切断敌人的水上生命线，支援太行抗日根据地抗战，雁翎队决心寻找战机，痛击敌人。

1943 年 9 月的一天，经过侦察，雁翎队获悉：一支护运队已从赵北口出发，护卫力量包括一个伪军中队、一个日军中队，配有一挺重机枪、一挺轻机枪，武器精良，人数众多，且拥有机动船。这显然是一场硬仗。

队员们认真分析敌我形势：敌人虽多、装备精良，但行踪暴露；而雁翎队虽人数较少，却隐于暗处，且对白洋淀地形了如指掌。此外，雁翎队员们早已想好破解敌人机动船的方法，只要提前设伏，就能让敌船寸步难行。

伏击地点选在王家寨东边的横埝苇塘。这里芦苇密布、水浅滩阔，隐蔽性极强，正是伏击敌人的绝佳场所。

作战当天，队员们化整为零，乔装成渔民，有的划小船，有的驾鹰排船，从不同方向悄悄接近设伏区域（图 4-15）。

图 4-15 队员们乔装去设伏

队员们迅速各就各位，六个班分区埋伏，大抬杆也布置在两处要地。

临近中午，一切准备就绪。大家藏好船只，握紧武器，静静地埋伏在密密的芦苇丛中。远远望去，水波荡漾，"接天莲叶无穷碧"，谁也不会想到这里隐藏着一支神兵天将。

中午 1 点左右，远处传来了隐隐的马达声。很快，敌人的船只出现在水面上。8 艘船浩浩荡荡地驶来，其中两艘是日本人的机动汽艇，剩下的则是以两艘并排捆绑而成的大对艚运输船。

敌船逐渐接近，慢慢驶入了伏击圈。芦苇塘中，队员们紧握武器，凝神屏息，将敌人甲板上的一举一动都看得一清二楚。

当敌艇离埋伏点只有几十米远时，船速突然慢了下来。船上的日军警觉起来，紧张地四处张望。隐藏在不远处的雁翎队员们心中一阵窃喜。他们心里明白，敌船减速的真正原因是那些漂浮在水面上的水草。

早在平时侦察中，队员们就发现敌船有个致命的弱点：机动船靠水下螺旋桨推进，最怕螺旋桨被水草缠住。而这次，队员们不仅在水面撒满了杂草，还在河道中央悄悄拉了一根粗铁丝，设下了连环陷阱。

就在敌人慌乱之际，队长郑少臣果断举枪，对准船上的敌军哨兵，扣动扳机，打响了第一枪！枪声即命令，埋伏在苇塘里的战士们同时开火。密集的火力瞬间笼罩了敌船，船上的鬼子还没明白发生了什么，就已经被打得人仰马翻。

趁敌人陷入混乱，突击小组迅速驾小船冲出苇丛，迅猛出击，不多时便彻底拿下了第一艘敌船。

与此同时，其他雁翎队员也发起了对第二艘汽艇的进攻。雁翎队员火力凶猛，配合默契，从开枪到结束战斗，仅用了半个小时，便全歼了日伪军 100 余人，彻底截获了敌人的运输船队。

这一仗，雁翎队缴获了大量战利品：船只 8 艘、轻重机枪各 2 挺、步枪 80 余支、子弹 2000 余发、手榴弹 1000 余枚，此外还有大批军用物资，收获丰厚。

这次痛击敌人，令雁翎队声名远播，不仅震动了冀中敌后，也迅速传到了党中央。毛泽东主席闻讯后，亲切地称他们为"荷叶军"，称赞这支隐于白洋淀荷叶之下、勇猛善战的水上奇兵（图 4-16）。

图 4-16 荷叶军

发明思维大讨论

在抗日战争的艰难岁月中，白洋淀雁翎队凭借卓越的智慧与创造力，发明出一系列独具特色的作战武器、交通工具与生存策略，成功打击了侵略者，为抗战胜利做出了重要贡献。雁翎队的战术体系，充分融合了自然环境与战场智慧，展现了人民战争的独特创造力。

雁翎队的战术是利用白洋淀特有的自然地貌，根据季节变化调整作战方式：夏秋季节，依托芦苇荡、水道和荷花塘，采用"水上雁翎阵"进行分散埋伏；冬季湖面冰封，则创造性地使用冰橇与"土坦克"快速机动，打破日军骑兵的优势，保障了作战的灵活性与突袭性。

雁翎队的作战涉及不同维度的创意发明（图 4-17）。

图 4-17 雁翎队战术的思维导图

战略协同：全局视野的抗战智慧。雁翎队在作战中不仅强调单独作战，还注重与八路军主力部队的情报互通与协同配合。他们与三小队、县大队形成互补联动，扩大了抗日武装的作战半径。在中共安新县委统一领导下，雁翎队同时设立了锄奸团、武工队，构建起覆盖水陆、联动互补的多层次抗日网络，形成了地方武装与群众力量有机结合的战略格局。

组织形式：灵活高效的军民协作。雁翎队实行战时集结、平时分散的组织形式。需要战斗时，依靠信号枪、口哨等信号迅速集结；作战时以班组为单位分散灵活行动,既防止被敌人集中偷袭,又保证局部作战的机动性和打击力。依托白洋淀广大渔民、农民群众,建立了以"堡垒户"为核心的秘密掩护网络,如将战士藏匿于夹墙、地窖、灶台之中,极大地增强了雁翎队的生存与战斗能力。

情报网络:全民皆兵的信息系统。雁翎队从多维度收集情报,依靠渔民在日常作业中收集日军动向,或化装成渔民摸清日军运输船路线;儿童则通过放牛、割草等活动传递情报,使用暗号或藏信于苇秆中;还有少数人通过内部渗透,打入伪军内部,获取据点兵力部署信息。

在情报传递时,采用不同方式(如口哨、烟火、信鸽等)传递情报,如夜间用手电筒闪烁次数表示敌情等级;在村庄设立秘密交通站,通过"堡垒户"接力传递情报,确保信息安全;全民参与,形成"村村是堡垒,人人是哨兵"的局面。

文化宣传:激发斗志的精神武器。雁翎队高度重视文化宣传和心理战。他们创作快板、河北梆子小戏等,宣传抗日政策,瓦解敌伪军心。夜间潜入敌据点张贴标语、散发传单,制造"雁翎队是神兵"的传奇印象,极大地动摇了敌人士气,也极大地鼓舞了抗日根据地军民的抗战热情。

生存策略:逆境中的韧性。在极端艰苦的条件下,雁翎队发展出自给自足的后勤体系。队员在芦苇荡中种植粮食、捕鱼,利用荷叶、芦苇搭建临时住所;少量依靠缴获补给,通过伏击日军运输船,获取枪支、弹药、药品等物资。

平时采用隐蔽战术,将枪支沉入河底保存;战斗时头顶荷叶泅水撤离,或藏身水底用空心芦苇管呼吸,躲避日军"扫荡"。遇到不利情况时分散转移,部队化整为零,分散至各村,利用地道、夹墙等隐蔽设施长期坚持。

创新迁移前景广

雁翎队的武器装备虽然简陋,却蕴含着深刻的战斗智慧和创新潜力。这些看似简单的发明原理,实际上具有很强的推广性和迁移性,能够在不同领域演化出新的应用。

1 从大抬杆到密集阵系统

在武器创新方面,大抬杆堪称雁翎队的一大"法宝"。这种由枪管和枪托组成的土制火枪,全长2.5～3米,比普通火枪更大(图4-18)。其使用方式是将火药与铁砂装填至枪管内部,发射时能够形成密集的弹幕,杀伤力惊人。射程可达百米,在50米以内,威力足以穿透人体甚至船板,形成一个二三十米宽的扇形杀伤区域。

图4-18 大抬杆尺寸与人的比较

原本大抬杆只是白洋淀渔民用来猎捕水禽的工具。雁翎队在抗战实践中,创造性地将其转化为战斗武器,极大地增强了水上作战的火力支援。由于大抬杆一次可发射大量铁砂,形成密集杀伤,被日军称为"扫帚炮",在实际战斗中对敌军心理和身体进行双重打击,成为雁翎队令敌人闻风丧胆的制胜武器。

从武器技术演变角度来看,大抬杆属于前膛枪,弹药需要从枪口装填，操作相对缓慢（图 4-19）。前膛枪属于比较老式的武器，后来改进为后膛枪（从枪膛后部装填弹药），则大幅提高了装弹与射击的连续性，这一技术革新推动了枪膛后部的发展进程。

大抬杆通过一次性释放大量弹丸，形成覆盖性打击的作战理念，与现代武器系统中著名的"密集阵"（Close-In Weapon System，CIWS）有异曲同工之妙。"密集阵"采用多管 20 毫米 M61A1 加特林式自动炮（图 4-20），发射脱壳穿甲弹，射速高达标准 6000 发 / 分，可根据需要调整。这种系统能够自动追踪来袭目标（如反舰导弹、飞机）并进行高速拦截，形成一道密集的防护火网，是军舰抵御近距离威胁的最后防线。

图 4-19 前膛枪装弹示意图

图 4-20 "密集阵"的结构

从白洋淀水乡大抬杆的密集弹幕，到现代海军舰艇的"密集阵"系统，跨越的是时代和技术，但贯穿其中的，是同样对作战需求敏锐洞察与创新运用的智慧。

2 从葫芦水雷到水底定向雷

葫芦水雷是雁翎队智慧与实战经验的又一结晶。队员们以白洋淀盛产的葫芦为原料，将葫芦剖开、掏空后，内置地雷或炸弹（图 4-21），再巧妙地将其隐藏在水道下方的水藻之间。由于葫芦本身浮力较大，既能托举爆炸装置悬浮于水面，又能起到良好的伪装作用，使敌人难以察觉。

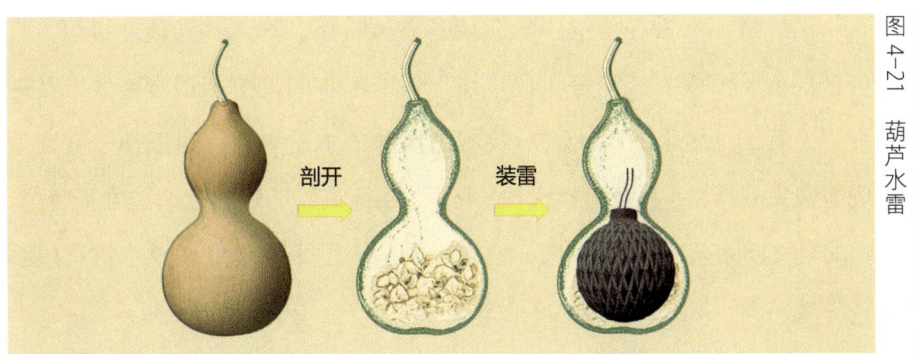

图 4-21 葫芦水雷

这种隐蔽性极强的水上爆炸物，给日伪军的水上运输线带来了沉重打击。大量敌船在天津、保定等航道之间被炸翻，极大地破坏了敌人的物资补给，显著遏制了其军事行动的持续能力。

葫芦水雷虽简陋，却与后世真实的水雷有着惊人的相似之处。最初期的水雷多为简单的触发式爆炸装置，依靠舰船直接碰撞引爆（图 4-22）。随着技术发展，现代水雷种类不断丰富，不仅有接触引爆型，还发展出了磁感、水压、声感等非接触引爆方式，进一步提升了武器的隐蔽性与杀伤力。

尤其值得一提的是，现代战争中广泛使用的水底定向雷，其原理与雁翎队的葫芦水雷有着一脉相承之处。水底定向雷如同潜伏在海底的幽灵，安静而致命（图 4-23）。它通常被布设在战略要地的海床之上，依靠敌方舰艇航行时产生的磁场变化、水压波动或声学信号等触发引爆，从而对目标进行打击或封锁。

图 4-22 触发式水雷

图 4-23 水底定向雷

现代水下水雷在作战中具有诸多显著特点。其一，隐蔽性极强。它可被部署于海底、浅滩等不同水域，借助海水的掩护，很难被敌方及时发现。其二，威慑力巨大。一枚威力足够的水雷爆炸，足以使一艘大型舰艇丧失战斗力，甚至直接沉没。其三，相比高昂的舰艇建造与维护费用，水雷的生产和布设成本低廉，使得许多中小型国家也能通过水雷有效维护海域防御，形成以小制大的战略威慑。

在两次世界大战中，水雷均发挥了极其重要的战术作用。交战各方通过广泛布雷封锁港口、航道，极大地限制了敌军舰队的机动空间，有效地改变了局部乃至整体战局。

从白洋淀上的简易葫芦水雷，到现代海域中的精密水底定向雷，历史清晰地展现了人民智慧在实战环境中的不断延伸与技术演变。

3 从空心芦苇管水下呼吸到呼吸面具

在今天看来，水下呼吸面具已是潜水运动的标准配置，而在当年的白洋淀，雁翎队队员则以简单的方式实现了同样的目的，他们用一根普通的空心芦苇管潜伏水下，监视并打击敌人，其中蕴含了很多智慧。

通过这种简单而高效的方式，他们有效地解决了水下隐蔽与生存问题。这种因地制宜的应对措施，体现了战士们敏锐的观察力与灵活应变的能力，大大降低了装备需求，使得长期潜伏与水下作战成为可能。

白洋淀水网密布，水草丛生，水流复杂。在这样的环境中，传统的潜水方式容易暴露行踪，而通过空心芦苇管呼吸不仅能避免气泡和声响，还能让队员长时间潜伏在水面之下。这种水下呼吸手段赋予雁翎队独特的战术优势：队员们可以在水下悄悄接近敌船，突然发起袭击后再迅速隐匿于水草之中，出奇制胜，令敌人防不胜防。雁翎队凭借芦苇管呼吸大大提升了机动性和突袭能力，在心理上极大地震慑了敌军，使日伪军在水面巡逻时常常心惊胆战，战斗效率大幅下降。

随着科技的发展，水下作战技术不断进步，现代各国陆续建立了装备精良的蛙人特种部队。蛙人部队因在水下行动灵活，形如蛙泳而得名（图4-24），主要执行侦察、突袭、破坏等高风险特殊任务，是现代军事体系中不可或缺的重要力量。

图 4-24　水下蛙人

现代蛙人部队配备了先进的潜水装备：高性能潜水服具备保暖、防水、抗压功能；闭式循环呼吸系统能显著减少气泡产生，降低暴露风险；水下推进器则可实现长距离、隐蔽机动。此外，他们还装备有水下通信装置、水下照明系统，以及专用水下武器，如水下手枪与步枪，大大提升了作战效能与生存能力。

从雁翎队用一根芦苇管潜伏水下到今天蛙人部队配备尖端潜水装备，水下呼吸技术与战术手段实现了质的飞跃。

4　从土坦克到复合材料防御系统

在数九寒天、白洋淀冰封之际，雁翎队失去了往日赖以隐蔽的荷叶与芦苇，面临着日伪军疯狂围剿的严峻考验。面对不利局势，雁翎队在白洋淀人民的支持下，创造性地发明了"土坦克"——一种简易却实用的冰上交通与防护工具。根据当时的照片资料,"土坦克"以大雪橇为基础,能乘载2至3人,表面覆盖沙包,并浇水结冰,形成一层坚硬防护,具备了一定的防弹能力(图4-25)。凭借这一土制装备,雁翎队巧妙周旋于冰天雪地之中,有效打击了敌人并成功保存了自身力量。

图4-25 队员们和"土坦克"

　　沙包浇水结冰的做法,本质上已具备了复合材料的雏形:它通过简单手段将沙与冰这两种材料的特性结合,形成比单一沙包或单一冰层更优异的防护效果。这种原理,在今天的高科技防御领域中依然被广泛应用和深化。

　　复合材料,指的是由两种或两种以上不同性质的材料通过物理或化学方法复合而成的新型材料,其性能优于各单一组分材料。通过合理搭配,例如,将高强度的纤维(如碳纤维、芳纶纤维)与基体材料(如树脂、金属)复合后,能够兼具高强度、低密度、良好韧性等多种优异性能,成为航空航天、军工防护、建筑工程等领域的重要材料基础。

　　在现代军事防御应用中,复合材料的优势尤为突出。以坦克防护为例,传统的钢铁装甲虽然强度高,但自重大、机动性差,难以满足现代作战对于快速部署和高效防护的双重要求。相比之下,以芳纶纤维(如凯夫拉）增强的复合材料装甲（图 4-26），在保持甚至超越传统钢铁防护水平的同时，大幅降低了重量，显著提升了装备的机动性与续航能力。这一特性使其广泛应用于坦克、装甲车、舰艇乃至战机的防护系统中。

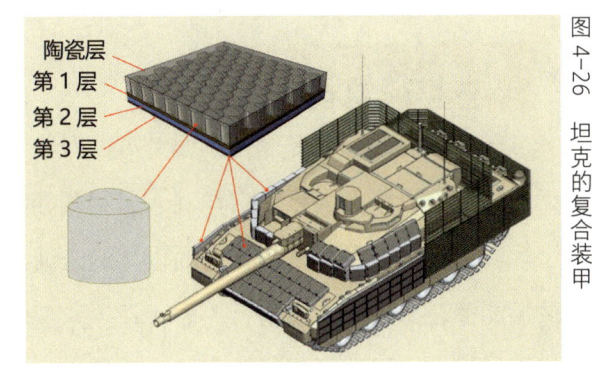

图 4-26 坦克的复合装甲

从防弹机理来看，当子弹或炮弹碎片高速冲击时，复合材料内的高性能纤维能够通过拉伸与断裂吸收大量冲击能量，而基体材料则起到固定纤维、分散冲击载荷的作用，从而有效抑制穿透，保障人员与装备安全。在防爆冲击方面，多层复合材料结构同样展现了卓越的能量吸收与缓冲性能。例如，防爆墙通常由不同材料层叠构成：外层用于阻挡爆炸碎片，中间层采用如泡沫金属与纤维增强材料的组合，以吸收和分散冲击波能量，内层则继续缓冲残余能量，最大程度保护内部目标（图 4-27）。

图 4-27 复合材料保护机理

从雁翎队的"土坦克"到今日的高端复合材料防御系统，跨越了数十年技术演进，但不变的是应对威胁时那份源自实践的创新精神。这种将有限资源与环境条件结合，创造最优作战工具的能力，正是雁翎队留给后世的宝贵智慧启示。

5　从冰上骑兵到空中骑兵

在白洋淀严寒的冬季，湖面结冰，万物凋零，在失去荷叶、芦苇等天然掩护的严峻形势下，白洋淀人民和雁翎队员们创造性地发明了"冰上轻骑"，一种专为冰面作战而设计的交通与攻击工具。这种装备让队员们能够在冰面上快速滑行（图4-28），实现出其不意的突击与迅捷的转移，极大地提升了作战效率和生存能力，使得雁翎队在冰面战场上牢牢掌握了主动权，令敌人防不胜防。

图4-28　冰上骑兵

"冰上轻骑"的出现，是对传统骑兵的一种创新、传承与拓展。骑兵作为古代战争中的重要兵种，以骑乘战马、快速突击著称。然而，随着坦克等现代机械化装备的诞生，传统骑兵逐渐退出历史舞台，取而代之的是适应新时代需求的"空中骑兵"。

空中骑兵，是指以直升机等空中平台为机动载具的现代快速反应部队。他们能够迅速跨越山川、河流、丛林等复杂地形，摆脱地面交通的束缚，实现高效的兵力部署与机动作战。与传统陆军相比，空中骑兵最显著的特点便是高度机动性。他们可以在极短时间内抵达遥远或地形复杂的作战区域,以出其不意的方式打击敌方,极大地缩短了作战响应时间(图4-29)。

图 4-29 空中骑兵作战场景

火力强大也是空中骑兵的重要特征。直升机部队通常装备有机枪、火箭弹、反坦克导弹等多种武器,能够灵活调整攻击角度与位置,对敌方装甲车辆、防御工事及有生力量实施精准而猛烈的打击。

同时,空中骑兵还具备卓越的侦察与态势感知能力,通过搭载红外探测器、雷达等先进设备,能够在远距离对敌情进行实时监测与情报收集,为指挥决策提供有力支撑,从而始终掌握战场主动权。

空中骑兵的意义不仅仅在于提高了单一兵种的作战效能,更从战略层面拓展了作战空间。战争形态从传统的二维地面作战向三维立体作战转变,使战术运用更加多样灵活。空中骑兵还能与地面部队、海军陆战队等其他兵种协同作战,如快速穿插、合围敌军,或为登陆作战提供火力支援和兵力机动,极大地丰富了现代战争的作战形式。

从白洋淀冰面上滑行如飞的"冰上轻骑",到今天战场上迅猛突击、机动作战的空中骑兵,这条发展脉络清晰地展现了战争技术与战术理念的不断创新与演进。

无论条件如何变迁，雁翎队当时所展现出的那种在逆境中依靠智慧和创造力求生存、求胜利的精神，也持续激励着后人，在各种艰难环境中开辟出胜利之路。

附注：更多雁翎队方面的资料参见

（1）白洋淀雁翎队纪念馆，地址：河北省保定市安新县白洋淀景区。

（2）电影《烽火雁翎》（王坪、孙琳琳执导，2005年上映）。

（3）电视剧《水上游击队》（龚朝晖执导，2011年上映）。

第五章 铁路战场

铁道游击战

西边的太阳快要落山了,

微山湖上静悄悄。

弹起我心爱的土琵琶,

唱起那动人的歌谣。

爬上飞快的火车,

像骑上奔驰的骏马,

车站和铁道线上,

是我们杀敌的好战场。

……

　　这首广为传唱的歌曲《弹起我心爱的土琵琶》,作为电影《铁道游击队》的插曲,以其浓郁的革命浪漫主义色彩,生动再现了铁道游击队员在战斗中的形象和情感,也体现了他们坚定的革命信念与乐观精神。

　　抗日战争期间,鲁南抗日根据地的铁道游击队以铁路为主要战场,在复杂而危险的敌后环境中,展开了一系列富有成效的游击战。他们的战斗方式灵活多变,充分发挥了对地形和铁路系统的熟悉优势,成为抗战史上一支独具特色、影响深远的人民武装力量。

铁路作为当时军队军需物资运输的关键通道，承担着日军军队调动和物资输送的重要任务。日军试图通过临（沂）枣（庄）线、台（儿庄）枣（庄）线将资源和煤炭运出，以实现"以战养战"的战略目标。这一企图严重威胁到抗日根据地抗日军民的安全与抗战大局。

铁道游击队凭借对铁路地形的熟悉，灵活机动，作战方式隐蔽高效，往往出其不意、速战速决，有效破坏了敌人的运输体系，以打击敌人铁路运输为主要目标，采用破坏轨道、炸毁桥梁、袭击列车等战术，频繁干扰日军的补给线路，延缓了其军事部署和物资流通。在多次战斗中，游击队成功截获了大量日军军火、粮食等物资，不仅补充了自身装备，也直接削弱了敌方战斗力，为正面战场提供了有力支援。

铁道游击队的英勇事迹迅速在鲁南地区传开，极大地鼓舞了民众的抗战热情。除了军事打击，铁道游击队还积极开展政治宣传与群众动员工作。通过张贴标语、散发传单和深入村庄宣讲，他们将抗日理念传达给广大民众，激发群众参与抗战的积极性，营造了浓厚的全民抗战氛围。他们用实际行动证明了普通百姓同样可以成为抗战的重要力量。这种示范效应推动了全民抗战局面的形成，也在全国范围内产生了深远影响，提升了中国军民在国际社会的形象，为中国赢得了广泛的支持与尊重。

铁道游击队从1938年成立起，共参与近百次战斗，其中大多数都体现出以少胜多、灵活应变的战术特征。正如萧华将军所言，他们是"怀中利剑，袖中匕首"，是抗战期间人民军队创新与智慧的典型体现。他们机智果敢、不畏强敌的精神，被后人广泛传颂，先后被改编为小说、电影、电视剧等多种艺术形式，成为爱国主义教育的重要内容。

铁道游击战的意义在于：

（1）**瓦解日军交通命脉**。铁路是日军运输兵力、物资的关键通道，铁道游击队通过破坏日军铁路运输系统，极大地削弱日军作战效能，从交通战略层面有力牵制日军行动。

（2）**获取情报优势**。凭借在铁路线上的活动便利，铁道游击队能够获取日军兵力部署、作战计划等重要情报，这些情报为抗日武装制定战略战术提供了关键依据。

（3）**拓展游击空间**。铁道游击队以铁路为依托，在广阔区域内灵活转移、机动作战，扩大了敌后游击作战范围，为抗日根据地的巩固与发展创造有利条件。

（4）**振奋精神士气**。铁道游击队英勇无畏的战斗事迹，极大地鼓舞了抗日军民的斗志，凝聚起全民族抗战的精神力量。

烽火英雄

★

"飞虎英雄"洪振海

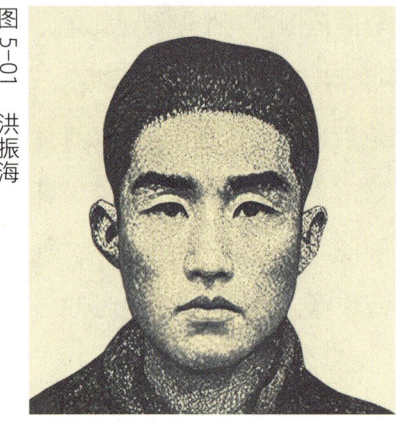

图 5-01 洪振海

洪振海（图 5-01），原名洪衍行，1910 年出生于山东省滕州的一个木匠家庭。

洪振海的父亲洪全瑞是当地颇有名气的木匠。洪振海在十二个兄弟姐妹中排行最小。在他三岁时，由于家庭人口众多、生活困难，父母携子女迁至枣庄火车站西侧的陈庄谋生。此后，母亲病逝，父亲又变卖家产，辗转至淮南煤矿谋求生计，年仅 10 岁的洪振海被寄居于枣庄的七姐家。

七姐夫葛武林是枣庄中兴煤矿铁路专线的一名扳道工，收入微薄，生活拮据。洪振海的到来使本就不富裕的家庭雪上加霜。他只能与好友王志胜相依为命，靠捡拾煤渣、拾荒换取食物维持生存。聪明伶俐、善于结交朋友的洪振海，经常帮火车司机、司炉干杂活，借助姐夫的老朋友，与铁路工人建立了良好关系，还逐渐掌握了火车驾驶的基本技能。

由于生活所迫，洪振海常与矿区的穷苦儿童一起爬上行驶的火车偷煤炭（图 5-02）。这种特殊的经历不仅造就了他的机智与勇敢，也让他练就了矫健的身手，人称"飞毛腿"。这些早年经历，为他后来在铁路线上展开敌后斗争打下了坚实的基础。

图 5-02 从小练习扒火车

1938 年 3 月 18 日，滕州被日军占领。同年 11 月，洪振海动员路矿工人秘密组建了一支抗日武装——枣庄铁道队，活跃在滕州、临城及微山湖一带。此后，经上级批准，这支队伍改编为八路军鲁南铁道大队，亦被称为"飞虎队"，洪振海出任首任大队长。

在洪振海的领导下，鲁南铁道大队以铁路、矿区和湖区为作战空间，采取灵活机动、神出鬼没的战术，多次打击敌人，成为抗战敌后战场上一支重要力量。

1941年12月，在一个风雪交加的夜晚，数百名日伪军突袭鲁南铁道大队驻地。洪振海率队英勇抵抗，不幸中弹牺牲，年仅31岁。

后来著名长篇小说《铁道游击队》以鲁南铁道大队的英雄事迹为素材创作而成，其中大队长刘洪的形象便是以洪振海和继任者刘金山为原型塑造的，名字也分别取自两人的姓氏。

1 三人枣庄结义

铁道游击队最初的规模极为微小，最初仅有洪振海、王志胜和曹德清三人，且都是普通的社会底层民众。洪振海是铁路工人，王志胜在煤矿劳动，而曹德清则以摆摊为生。

那么，是什么促使这三位普通人走上敌后抗战的道路的？又是怎样的信念，支撑着他们在艰难险恶的环境中坚持战斗，并最终将这支队伍发展壮大到数百人的？

在1938年全国抗战爆发之际，日军占领华北大部分地区，并向中国腹地推进，山东省成为日军重点控制的战略要地之一。

1938年洪振海、王志胜参加了苏鲁人民抗日义勇总队，10月他们受总队派遣，潜回枣庄建立秘密情报站。一天傍晚，他们三人在村口的老槐树下偶然相遇（图5-03）。闲聊间，话题自然而然地转向了抗日救亡。洪振海目睹日本军用列车频繁运送物资；王志胜身处煤矿，眼见煤炭资源被日军掠夺；曹德清走街串巷，听闻日军暴行无数。他们心中的愤怒日益积累，对日军恨之入骨。

洪振海提议："我们不能再这样坐以待毙了，得想办法给鬼子点颜色看看。"王志胜与曹德清齐声赞同。三人当即决定秘密组建一支抗日小分队。

经过一个月的情报收集和周密观察，他们将首个袭击目标锁定为日军设立的洋行，该地是日军囤积战略物资的重要据点，守卫力量相对薄弱。

图 5-03 三人老槐树下结义

1939 年 8 月的一天，月黑风高之夜，洪振海、王志胜和宋世九三人各持一把大刀和一支短枪，悄然潜入洋行。他们将大掌柜、二掌柜击毙，三掌柜砍伤，还缴获了长短枪各一支，随后趁着夜色迅速撤离。

此次突袭虽规模不大，却极大地震动了当地日军。敌人震惊于竟有抗日分子能在严密控制下发动成功袭击，且让日军损失惨重。更令日军恼火的是，洪振海等人不仅击毙守卫，还带走了一批战略物资与重要情报。

此役引起轰动，当地民众欢欣鼓舞，纷纷打听这支神秘抗日力量（图 5-04），越来越多的人希望加入。三人也因此信心倍增，决定继续扩展队伍，组织更大规模的抗日行动。日军则因惧怕其行动迅猛，将其称为"飞虎队"。

随着影响扩大，越来越多有志之士主动加入。为了隐蔽行踪，他们在枣庄郊外设立了一个小炭场作为据点，白天以工人身份掩护，夜晚则化身为游击战士。

炭场选址兼顾了隐蔽性与战略性：一方面靠近铁路，便于侦察日军运输动态；另一方面邻近山区，便于突发情况下迅速撤离。炭场的日常经营由曹德清负责，他凭借其多年从事小买卖的经验，很快与周边百姓建立起良好关系，为游击队的秘密活动创造了便利条件。

图 5-04 人们打听飞虎队消息

随着战绩不断累积，越来越多的爱国青年投身其中。到 1939 年底，铁道游击队已发展成为一支拥有 50 余人的正规游击武装，为鲁南抗日根据地的巩固与发展做出了重要贡献。

2 飞车搞机枪

铁道游击队长期在铁路沿线活动，对火车的运行规律与结构特点了如指掌。在实战中，他们创造出一种极富创新性的战术——"飞车夺枪"，成为游击战中的经典范例。

当敌军列车在铁轨上高速行驶时，游击队员们提前在沿线设伏，伺机而动。他们瞅准时机，以极快的速度跃上行进中的列车。为了掌握这一高难度动作，队员们反复训练，逐步总结出一套独特的登车技巧：借助列车行驶产生的气流与惯性，配合绳索、钩子等简易工具，快速而精准地攀上车厢。一旦登车成功，队员们便迅速制服车上的敌人，夺取武器弹药，并在恰当时机跳车撤离，整个过程干净利落，使敌人猝不及防、措手不及。

这一战术对队员的扒车技巧、应变能力与战斗勇气要求极高，是铁道游击战法中最具代表性的技艺之一。洪振海自幼便练就了高超的扒车本领,在部队组建后,他亲自传授这项技能,使飞车夺枪成为队伍的制胜技能。

为了提高战斗的灵活性,游击队员还对缴获的日军武器进行了改装。他们将部分步枪的枪托锯短,改制成便于携带和适合列车作战的短枪(图5-05),大大增强了行动机动性。

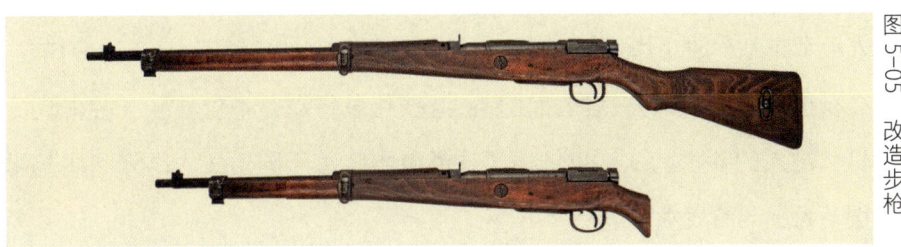

图5-05 改造步枪

在1939年10月的一次作战行动中,洪振海、王志胜等人成功实施了经典的"飞车夺枪"战术。当时,队员王强提前掌握了敌方情报,得知当晚9点出发的一列客车尾部将挂载一节运送枪械的铁闷子车。他在目标车厢上做了暗记,并将枪械和子弹箱集中堆放在推拉门口附近,方便行动。

列车自枣庄车站启动后,洪振海利用端台扶手与脚镫,率先扒上了最末一节客车。随后,他沿车厢边缘攀行至铁闷子车推拉门处,用老虎钳剪断封锁门鼻的铁丝,悄然推门潜入车厢。

进入车厢后,洪振海迅速将一捆机枪、三捆步枪以及一箱子弹依次扔下车,并抱着一捆机枪跳车撤离。整个作战过程一气呵成,列车行驶约2.4公里,时间不到5分钟。这场行动不仅缴获了大量武器弹药,有效补充了队伍装备,也进一步巩固了铁道游击队在敌后战场上的威慑力,成为铁道游击战史上广为传颂的经典战例。

3 化装渗透战术

铁道游击队在长期敌后作战中,灵活运用化装渗透战术,取得了多次重要胜利。他们常常化装成日军、伪军或铁路工人,潜入敌人据点或列车之中,借助缴获的日军制服、证件以及对铁路作业流程的熟悉,巧妙骗过了敌人的层层盘查。

例如,在一次行动中,游击队员乔装成日军巡查队,堂而皇之地进入敌军车站,成功炸毁了弹药库;也有队员伪装成铁路工人,混上列车,在行进途中夺取敌方武器和物资。这些化装行动,不仅显示了游击队员机智过人的斗争艺术,也体现了铁道游击队善于利用敌人防守漏洞、化被动为主动的战术智慧。

1941年,随着日军对鲁南地区控制力度不断加大,铁道游击队的作战环境日益险恶。然而,洪振海并未因此退缩。他敏锐地意识到,在敌人严密封锁的背后,依然潜藏着可供利用的破绽。通过细致侦察,他获悉,日军即将通过枣庄附近的铁路运输一批重要物资,押运的部队装备精良,对当地百姓防范严密,传统的拦截方式几乎无从施展。

经过周密思考,洪振海制订了一个大胆而精巧的计划——化装奇袭。

他精挑细选了几名身手矫健、伪装技巧出色的队员,反复推演作战细节,确保万无一失。行动当天,洪振海和队员们化装成推着小车的普通百姓,混入沿线人群中。他自己扮作一个憨厚朴实的货郎,推着满载货物的小车,边走边吆喝,看似漫不经心,实则警觉地观察着周围环境(图5-06)。其他队员则伪装成农民、小贩,分散潜伏,融于人群之中,却又保持着暗中联系。

当押运物资的日军列车缓缓驶近时,洪振海以一个眼神示意,队员们开始不动声色地向铁路靠拢。列车减速准备停靠小站之际,洪振海发现车站周围布满日军岗哨,戒备异常森严。但他沉着应对,依照预定计

图5-06 化装出行

划行事,趁着岗哨换防的短暂空隙,率领队员迅速接近列车。

他们动作轻盈而迅捷,悄无声息地攀上车厢。进入车厢后,洪振海带领队员与押运日军展开了激烈搏斗。凭借突袭的优势和精湛的武艺,队员们迅速制服了车厢内的敌人。然而,战斗声响还是惊动了车站周围的大批日军,敌军迅速朝列车方向集结。

面对突如其来的日军,洪振海果断指挥:一部分队员负责搬运物资,另一部分在车厢门口组织阻击。他手持双枪冲锋在前,枪法精准,弹无虚发,接连击毙数名日军。队员们同样奋勇作战,毫不退缩。

经过一番激烈交战,游击队成功夺取了大量物资,并趁敌军混乱之际迅速撤离,消失在夜色之中,只留下一片狼藉与日军的怒吼。

这次化装奇袭,不仅成功截获了日军的重要补给,沉重打击了敌军士气,也极大地鼓舞了鲁南地区民众的抗日斗志。洪振海凭借敏锐的洞察力、缜密的策划能力与卓越的领导胆识,再次赢得了"飞虎英雄"的美誉,成为当地人民心中的抗日楷模。

烽火中的好发明

★

身手敏捷扒火车

1 独特的信号传递系统

铁道游击队成立后,迅速有计划地开展各项工作。他们不仅以灵活的武装斗争著称,更充分发挥了民间智慧,创造出一系列简便而高效的情报传递和战斗技艺。

游击队通过多种渠道收集敌人动态,包括日军列车运行时间、兵力部署、物资调运等重要情报。为了安全有效地传递信息,他们创造性地利用铁路设施设置标记或暗号。例如,在铁路信号灯、道岔等关键节点上,通过改变信号灯显示方式,或在道岔上留下特定痕迹,使队员们能够准确地向同伴传递作战情报。这种方式因巧妙融入铁路系统之中,极难引起日军怀疑,保障了情报传递的隐蔽性与安全性。

在信息传递手段上,游击队还采用了简易但高效的方法。他们用破布、纸张等材料制作简易的信鸽脚环,将情报内容缠绕其上,利用信鸽快速传递信息(图5-07)。此外,还利用沿线废弃物品如旧信号灯、道岔标志等,制作成简易报警装置。一旦敌人接近,队员们便可触发装置,通过声响或光信号迅速预警,及时部署防御或转移。

在铁路物资运输过程中,游击队员也善于相机行事。当得知日军列车运输枪械等重要物资时,侦察人员便在装载武器的车厢上做下隐蔽标记,为后续行动提供指引。

一旦发现有价值的目标，游击队便制订周密的作战计划并分工协作。行动中，有人爬上列车，从车厢内将枪械武器抛下；有人在铁路下方接应转运；还有人分布在铁路沿线承担警戒与消息传递任务。通过这种默契配合，游击队多次成功地从日军列车中截获大量武器弹药，极大地增强了自身装备力量。

图 5-07 信鸽传递信息

2 破坏交通出奇招

进入 1940 年，铁道游击队的作战目标逐渐从单一的设施破坏，转向更具战略意义的军事运输打击，这标志着其在整个抗战格局中承担了更加重要的任务。

在铁路沿线频繁活动的游击队员，为了有效实施行动，经常需要扒上高速行驶的火车。为此，他们自行研发了一系列简易实用的工具。其中最具代表性的，是由铁钩和绳索组合而成的"扒车钩"，队员可将铁钩抛挂至车厢，借助绳索迅速登车（图 5-08）。这种工具使他们能在列车运行过程中灵活作战，执行破坏、突袭或侦察任务，成为敌后战场上一项极具特色的战术手段。

与此同时，为破坏日军铁路运输能力，游击队还发明了结构简单、操作高效的铁轨破坏装置，一端是钳子可以拧铁道螺丝，另一端是利用杠杆原理制造的撬棍，可以撬起铁轨（图 5-09）。他们利用这种工具，在夜间潜入敌人警戒薄弱地段，悄悄拧松轨道连接螺丝，直接撬动轨道使其变形。当日军列车驶至受损路段时，极易发生脱轨翻覆，车上物资散落，运输中断，对敌方造成重大打击。

图 5-08 「扒车钩」

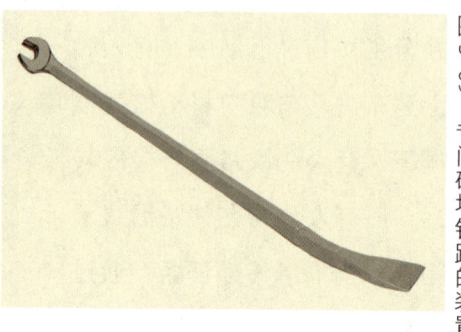

图 5-09 专门破坏铁路的装置

更具创新性的是"火车拉钢轨"战术——先用炸药炸断部分铁轨，待列车启动后，利用其惯性将整段轨道拖离原位，大幅延长铁路修复周期。这种方式不仅破坏力强，且便于队员迅速撤离，极大地提高了行动的隐蔽性与安全性，成为抗战游击战术与铁路工程知识融合的典型代表。

1940年3月，铁道游击队获得情报，一列装载大量弹药与燃料的日军军列将由青岛开往徐州。这是一次极具价值的打击机会。洪振海立即召集骨干，制订作战方案，决定在临沂至徐州之间的一处山区设伏。

行动当天，队员们分成三组：第一组负责破轨，使用改良后的爆破装置，在列车驶过时实现精准引爆；第二组负责伏击，选择有利地形设立交叉火力点；第三组则承担外围警戒与撤退接应任务。

当军列驶入预设伏击圈时，爆破装置瞬间引爆，剧烈的爆炸声在山谷中回响，火车脱轨翻覆。日军护卫部队仓促应战，但很快就被游击队布设的火力网所压制。经过半小时的激战，游击队成功击退敌军，摧毁了大量军需物资。

随着游击队行动的频繁与战果显著，日军开始严加戒备，增派兵力沿线巡逻，加强铁路防护。面对敌人防御升级，铁道游击队并未退缩，而是灵活调整战术策略，转向使用地雷、诡雷等装置，设置陷阱于敌人巡逻线路。这些简易爆炸物不仅有效挫败了敌军的势力，还制造出持续的心理威慑，严重影响了日军的行动效率和士气。

到了1940年夏，游击队更是因地制宜，探索出新的破坏方法。他们发现，夏季高温使铁轨热胀变形，极易松动。游击队员便利用这一物理现象，在夜间悄悄拧掉铁轨连接处的螺栓，待次日中午烈日当空时，铁轨因膨胀而自然弯曲变形（图5-10），从而造成列车脱轨事故。这种方法不仅操作简便、隐蔽性强，且破坏效果显著，往往在敌人毫无察觉中完成。

图5-10 铁轨由于膨胀而变形

除了直接破坏铁路设施，游击队还采取了更为巧妙隐蔽的方式干扰敌人运输系统。他们伪造日军的列车调度命令，制造军列撞车、错位停靠或长时间延误等混乱局面；同时，还利用缴获的日军制服和证件，乔装混入日军控制的车站，在装载物资的列车货厢中安置定时炸弹。这些精心设计的"微型行动"虽不具大规模破坏力，却成功搅乱了日军后勤运输系统，造成极大干扰，甚至使敌军内部产生怀疑与恐慌。

1940年6月，铁道游击队袭击日军押款列车，缴获法币8万余元；8月，破坏津浦铁路韩庄段，致使日本运兵军列脱轨；9月，拆除枣庄至临城铁轨1.5公里，砍断电线杆百余根，使枣庄日军的通信和交通同时瘫痪。时任一一五师政治委员罗荣桓在给铁道队的嘉奖信中说："你们就像一把钢刀插入了敌人的胸膛。"

3 油中掺沙劫火车

1940年至1942年,是山东省抗日根据地最为艰苦的阶段。由于日军长期"扫荡"和严密封锁,各地物资匮乏,衣食短缺,医药紧缺,抗战条件极为艰难。面对严峻局势,铁道游击队始终牢记使命,急前线所急,想群众所想。只要是党交付的任务,无论多么艰难,他们都义无反顾,竭尽全力完成。

1941年10月,八路军鲁南军区医疗物资告急。缺乏消毒药品,战士负伤后只能用食盐水冲洗,导致许多伤员因得不到及时救治而残疾,甚至牺牲。八路军鲁南军区司令员张光中紧急下达命令,要求铁道游击队设法解决药品问题。

不久,临城车站的内线送来重要情报:一列装载药品的货运列车将自青岛驶抵临城,随后南下。游击队迅速布控,选定在沙沟一带设伏,准备夺取药品。

当晚10时,列车驶出临城站,行至沙沟与塘湖之间。游击队员飞身跃上列车,迅速找到装药车厢,将药品一一抛下(图5-11),由埋伏在沿

图5-11 抢夺物资

线的队员接应转运,迅速送往鲁南军区前线。此次行动不仅成功获取了急需的外伤药品和医疗器具,还意外缴获了望远镜等军用物资。张光中司令员接到物资后,连声称赞:"同志们干得好,干得好!"

仅一个月后,1941年11月,寒气袭人。鲁南军区被服厂此前遭到敌军破坏,部队近两万人的越冬棉衣尚无着落。在这种情况下,铁道游击队联合运河支队、滕沛大队、微湖大队和边联支队,策划了一次规模空前的物资截获行动,目标是截取日军运送棉布物资的列车。

事前情报显示:一列自青岛南下的火车,挂有两节布车车厢,预计当日下午四点抵达临城车站。由于时间尚早不利于行动,游击队决定设法拖延布车在临城的停留时间,伺机在夜间实施拦截。

当日下午3点多,沙沟站副站长张允骥随车至滕县车站,趁布车到站之机,借"工作之便"将几把沙子悄悄倒进车轴上的油壶中。列车虽按时启动,但沙砾与车轴剧烈摩擦,很快引发故障,列车不得不减速,以极慢的速度运行至临城。

与此同时,数百名动员而来的群众,携带扁担、绳索,早已隐蔽在塘湖车站附近的封锁沟中待命。晚上9点多,列车驶近目标区域。张永纪借助火车喷出的水蒸气作掩护,联合刘金山、梁传德、徐广田三名队员,爬上列车执行分工明确的任务:一边警戒,一边准备实施车厢分离。

当列车行至沙沟与塘湖之间的拐弯路段,张永纪猛然扳动挂钩,前段列车继续前行,而载有布匹的两节车厢则在惯性作用下滑行一段后才停下来。埋伏多时的群众迅速出动,爬进车厢,一边搬运一边转移,直到满载日本兵的巡道车开来,才点燃没卸下的布匹并撤退。

最终共截获棉布1200匹、军装500余套、皮箱200个、缎子被褥100余床、呢子毛毯若干;另缴获显微镜4架、电炉2台。这批宝贵物资被妥善藏匿于湖区,后由鲁南军区骑兵连运送至抱犊崮山区的被服厂,及时解决了部队越冬所需,缓解了严寒中的物资危机。

4　胜利受降

1945年8月15日，日本政府正式宣布无条件投降。8月中旬，八路军总司令朱德向各抗日根据地下达命令，要求华北、华东地区的日军部队立即放下武器，向所在地的抗日武装投降。

然而，驻扎在临城一带的日军残部却多次拒绝与铁道游击队谈判缴械，妄图逃避投降、寻找突围机会。他们唯一可能的逃生路线，便是乘坐火车沿津浦铁路南下，前往尚在日军控制之下的徐州。

深夜，这批日军登上了早已准备好的铁甲列车，企图借夜色掩护悄然突围。然而，当列车驶至临城以南的沙沟附近时，才惊觉前方铁轨已被炸毁、道路中断。试图退回临城的他们却再次陷入困境——原路上的铁轨同样被铁道游击队提前埋设的炸药所封锁，爆炸声随即响起，彻底切断了其退路。

被围困在沙沟一带的日军，在孤立无援、缺水断粮的状态下苦撑三天，最终筋疲力尽、士气崩溃，后来，被迫无条件投降。

在沙沟车站，年仅23岁的铁道游击队政治委员郑惕代表八路军，正式接受了这支千余人的日军部队投降。缴械的敌军交出了包括8挺重机枪、130余挺轻机枪、2门山炮在内的大量轻重武器（图5-12）。

这场受降行动，铁道游击队不发一枪一弹，便迫使一支正规日军部队缴械投降。百余人的抗日游击队，成功接受千余人的日军正规部队的缴械，堪称中国敌后战场军事受降史上的经典传奇，也为铁道游击队的抗战篇章画上了庄严而辉煌的句号。

据不完全统计，在七年多的抗战岁月中，铁道游击队共炸毁日军军列200余列，破坏桥梁50余座，摧毁军事设施100多处。这些行动不仅造成了日军大量物资损失，更从根本上扰乱了其军事调度和后勤补给体系，为正面战场的抗日力量创造了极为有利的战略条件。

图 5-12 接受日军缴械投降

发明思维大讨论

★

在抗日战争最艰难的岁月里,铁道游击队以其独特的战斗方式和无畏的英雄气概,在鲁南铁路沿线谱写了一曲壮烈的抗战史诗。他们不仅以勇敢的作战行动震慑敌人,而且以源源不断的战术创意和实用发明打破僵局,为抗战胜利作出了卓越贡献。

从发明创新视角来看,铁道游击队的作战实践具有四大显著特征(图 5-13)。

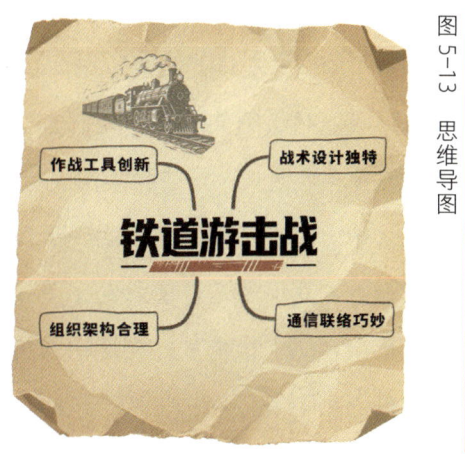

图 5-13 思维导图

第一是作战工具的自我创新,在极端条件下发明创造。铁道游击队在武器装备方面进行了创新。他们无法获得先进武器,于是将缴获的日军步枪进行锯短、加装,提升其适用于铁路作战的灵活性;将从日军那里缴获的手榴弹重新组装,增强其爆炸威力;同时,队员们还动手自制炸弹和土制地雷,简便实用、威力不小。这些"二次发明"大大提升了队伍的战斗能力,使他们在武器装备落后的情况下,依然打胜仗,夺得物资。

第二是战术设计的灵活多样。如"血染洋行""智打票车"等行动往往出其不意,打得敌人措手不及;铁道是敌人的运输命脉,也成为游击队施展战术的主战场。在这种特殊环境下,游击队员创造出"飞车"战术:他们凭借日常训练掌握的扒车技巧,在列车高速运行时飞身跃上车厢,巧妙避开敌人巡逻,伺机行动;在交通破坏方面,游击队更是屡出奇招,用各种工具和方法破坏铁路,效果显著。

第三是通信联络的因地制宜。在情报收集方面,铁道游击队更是体现出非凡创意,借助铁路沿线环境和地方资源,建立起高效隐秘的情报网络;他们将"隐蔽战线"做到极致,借助铁路工人、小商贩、小饭馆经营者等多种身份,在车站及沿线构建起一张庞大且稳定的情报网。这些看似日常的工作,却为游击队提供了准确的作战依据,使他们始终掌握敌军动向,实现"知己知彼,百战不殆"。

第四是组织架构的因人制宜,广泛动员煤矿工人、铁路职工等,充分发挥各自所长,形成强大作战合力。

铁道游击队的战术发明,不仅有效地打击了日本侵略者,也为中国抗战胜利写下了浓墨重彩的一笔。这些发明创造,不仅体现出他们在敌后环境中的生存智慧,更是中国抗战群众武装力量与民间创造力结合的典范。他们的许多战术构想与《孙子兵法》中"出其不意""避实击虚""攻其不备"等思想不谋而合,体现出中国传统军事智慧在现代战争中的实践延续。

直至今日，铁道游击队的英勇事迹和创新精神依然被后人传颂，成为中华民族不屈不挠、敢于创新的精神象征。

创新迁移前景广

1 从"跟跑飞车"到空间站对接

"飞车"战术，是铁道游击队战斗艺术中最具传奇色彩的一项，其危险程度极高，需要极大的胆识与缜密的操作。通常的流程是：队员先跟随行驶中的列车奔跑，当速度逐渐接近时，甩出绳索或铁钩等简易工具，跳起抓住车厢扶手登车。而在实际执行中，远不止如此简单：队员还需携带武器，时刻提防敌人哨兵的警觉，一旦判断失误或动作迟缓，随时可能命丧车下。

这种战术的背后，不仅是体力与勇气的比拼，更体现出深思熟虑的战略筹划。正如《孙子兵法·计篇》所言："夫未战而庙算胜者，得算多也。" 铁道游击队的"飞车"行动，正是"庙算多胜"的典型案例。他们在行动前对津浦线的铁路布局、列车运行规律、敌军兵力部署等情况进行反复侦察与推演，精确测算列车速度与哨兵交替时机，选择最有利的"登车点"和"动手点"。这一系列周密部署，大幅提升了成功率，彰显了战术背后的智慧。

有趣的是，"飞车搞机枪"战术与现代航天领域中的两个核心环节在本质原理上存在惊人的相似之处：一是逼真的模拟训练，二是航天器交会对接。

在航天员正式飞上太空前,航天员需进行高度逼真的模拟训练。例如,他们会在巨大的水池中操作1∶1的飞船模型,模拟失重漂浮状态下的出舱、维修等任务(图5-14)。正如飞虎队员反复进行"飞车"演练,以确保在实战中操作精准、稳定。

图 5-14 航天员水中模拟训练

更具启发意义的是,航天器在太空中的交会对接过程,与游击队员"追车登车"的每一个环节,形成了几乎一一对应的类比。航天器的交会对接,重要的前提是两者的速度逐渐接近。所谓交会,是两个航天器同时到达空间的同一点,而且在相遇时的相对速度接近于零(图5-15)。

航天器对接需经历多个精密阶段(图5-16)。首先,追踪航天器通过轨道控制逐步靠近目标航天器,进入远距离导引段,利用导航系统不断修正轨道(这一过程相当于飞虎队员跟着火车跑)。进入近距离导引段后,依靠微波雷达、激光雷达等设备精确测定相对位置和速度(这一过程相当于飞虎队员边跑边观察)。当接近至一定距离,进入靠拢段,通过推进器微调姿态和位置(这一过程相当于飞虎队员跳起,抓住火车

图 5-15 航天器交会对接

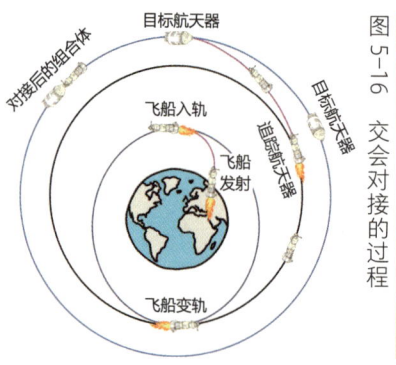

图 5-16 交会对接的过程

把手）。最后，在对接段，对接机构捕获、缓冲、校正，使两个航天器结构锁合，完成刚性连接（这一过程相当于飞虎队员登上了火车）。

这一类比不仅展现出铁道游击队战术的物理逻辑基础，也启发我们思考：那些诞生于战争前线的"土法战术"，往往蕴含着高度的实践智慧，其背后的逻辑与现代科技的发展路径，可能具有跨越时代的迁移价值。

2 从打火车案例到避实击虚的策略

面对装备精良、兵力雄厚的日军，铁道游击队始终避免与其正面硬拼，而是巧妙地选择以弱胜强的路径，主动"避实击虚"。他们深知，日军在城市据点和重兵防守区域部署严密，难以攻破，因此，多选择在铁路沿线防守薄弱、敌人戒备松懈的地段展开袭击。例如，他们常常在荒僻区段拦截运输军火的列车，或趁敌人换防交接之际发起破坏行动。通过准确识别敌军部署的"实"与"虚"，铁道游击队以灵活小队反复袭扰，持续削弱敌人的运输能力和有生力量，使日军防不胜防、疲于应对。这种战术思想，正与《孙子兵法·虚实篇》中所言"避实而击虚"高度契合。

"避实击虚"是军事领域中被广泛应用、历久弥新的战术原则，其经典实践可追溯至战国时期的桂陵之战。当时，魏国将领庞涓率重兵攻打赵国，赵国向齐国求援。齐国军师孙膑并未与魏军正面交锋，而是果断选择迂回进攻魏国国都大梁。此举直击魏军后方空虚之地，迫使庞涓急返救援。齐军则在桂陵预设伏兵，以逸待劳。最终，疲惫奔袭的魏军陷入埋伏，全军覆没。孙膑成功避开魏军精锐主力，集中力量攻其虚弱之处，不仅解了赵国之危，还重创魏军，被后世奉为"避实击虚"的典范。

上述军事案例表明："避实击虚"不仅是一种战术技巧，更是一种战略智慧。无论是在枪林弹雨的战场、争分夺秒的赛场，还是在日趋激烈的商业竞争中，当面对实力强劲的对手时，硬拼往往代价高昂、胜算渺茫，而若能敏锐识别对方的薄弱环节，选择避其锋芒、集中优势力量打击对方"软肋",则往往能够以最小的代价实现最大的突破,实现以弱胜强、以少胜多的目标。

3 从传递信号到"知己知彼,百战不殆"

《孙子兵法》强调:"知己知彼,百战不殆。"这句被后世奉为兵家圭臬的军事箴言,铁道游击队在实战中给予了生动诠释。

长期在鲁南地区作战,铁道游击队与当地百姓建立起了深厚的情感纽带,熟悉地形地貌、风俗民情、村庄分布等,为他们深入敌后、灵活机动提供了坚实的"知己"基础。同时,游击队还通过搭建情报网络、派遣侦察员等方式,密切掌握日军动态,深入了解其武器装备、兵力部署、行军路线、作战风格乃至指挥系统,真正做到了"知彼"。在敌我信息掌握充分的前提下,游击队员们合理制定战术,无论是设伏偷袭还是迅速转移、巧妙撤退,都能做到游刃有余。

信息不仅是胜利的前提,也是战场上的制高点。游击队一方面致力于不断拓展情报来源,另一方面同样高度重视保密工作,防止敌方反侦察和情报渗透。在敌后战场上,信息的攻防——往往直接决定一场战斗的成败。

这一"知己知彼"的战略智慧,贯穿古今、跨越战场,在人类历史上不断展现出其卓越生命力。无论是在硝烟弥漫的战事中,还是在高强度的竞争领域中,这一理念始终熠熠生辉。

在军事历史中,东汉末年的赤壁之战堪称"知己知彼"的典范。曹操挟"号称八十万"的雄师南下,企图一举吞并江东。然而,孙刘联军并未被敌军表面声势所慑。周瑜派遣细作探明:曹军多为北方士兵,不习水战,加之长途跋涉、水土不服,疫病流行;更关键的是,曹军将舰船首尾相连,以图稳固,实则蕴藏重大风险。相反,孙刘联军占据地利,又擅长水战。基于对敌我优劣势的清晰认知,周瑜与诸葛亮制定火攻之策,借东南风之力,一举焚毁曹军船队,重创其主力部队(图5-17),改变了三国局势。这场战役正是"知己知彼"的战略智慧在历史上的经典演绎。

图5-17 火攻曹军

4 从闹市打洋行到"兵不厌诈"

《孙子兵法》有言:"兵者,诡道也。""攻其不备,出其不意。"在敌后战场的激烈较量中,铁道游击队深谙其道,将这套兵法智慧运用得出神入化。"血染洋行"便是其中堪称经典的实战范例。

当时,洋行作为日军在鲁南的物资据点之一,戒备严密、驻兵充足。然而,游击队队员敏锐捕捉到日军对闹市区洋行安全性的过度自信,果断决定"攻其所必守,出其所不意"。他们精心乔装打扮,化身成商贩、小贩等,悄然潜入洋行内部。待一切就绪,猝然发动攻击,一举突破防线,打得敌人措手不及,重创其据点,极大地震慑了日军气焰。这次战斗,正是"兵不厌诈"理念在实战中的精彩体现。

在消灭特高课课长高岗的行动中,游击队队员也采用了攻其不备的策略。他们化装成日军士兵和搬运工,悄然潜入临城车站周边。夜间10点,行动迅速展开,刘金山绕过门卫进屋,高岗当时正在伏案写字,发现情况不对还未来得及拔枪（图5-18），便被刘金山一枪正中头部，当场毙命。门卫熟睡惊醒后正想射击，也被刘金山击毙。

图 5-18　击毙特高课课长高冈

"兵不厌诈"不是投机取巧，而是一种基于对局势深刻认知之上的灵活应对策略。它提醒我们，在面对敌强我弱或激烈竞争时，打破常规、灵活出招，往往能够打开局面，赢得先机。

附注：更多铁道游击队方面的资料参见

（1）山东省枣庄市薛城区铁道游击队纪念馆。

（2）电影《铁道游击队》（赵明执导，1956年上映）。

（3）《铁道飞虎》（丁晟执导，2016年上映）。

（4）《铁道英雄》（杨枫执导，2021年上映）。

第六章 克敌制胜

军工战

抗战烽火中的好发明——战法与武器

我们都是神枪手,

每一颗子弹消灭一个敌人,

……

没有枪,

没有炮,

敌人给我们造。

  这首广为流传的《游击队歌》充满了革命英雄主义和乐观主义。但是敌人不会主动给我们造武器,只有战士们拼了命才可能把敌人的武器抢过来。当时统计,要抢夺敌人一件武器,平均都要牺牲1～2位战士。所以在采访军工泰斗刘鼎的儿子刘文山时,他多次强调不能误解为"敌人给我们造武器"。

  抗日战争时期,中日双方武器存在巨大的差距,特别是中国共产党领导的八路军、新四军和广大的敌后游击队,普遍缺少枪炮子弹。除了在战斗中缴获敌人的少量武器弹药,更多的武器、弹药和装备是由广大军工专家们利用自己的聪明才智和当地资源,创造性地发明和制造出来的。

军工战线的专家为抗战做出巨大贡献，具体有以下几个方面：

(1) **保障战略物资供给**。军工制造为前线提供枪支弹药、简易装备等作战物资，改变了我军武装长期依赖缴获的局面，使军队具备持久作战能力，这是维持持久战的关键。

(2) **推动军工技术自主研发**。军工制造致力于技术研发与改进，逐步掌握武器生产的核心技术，从仿制到自主创新，实现了一定程度的技术突破，为战后军事工业发展奠定基础。

(3) **培养形成军工骨干队伍**。抗战时期根据地缺乏军工技术人员，通过技术培训和实际锻炼培养了大批人才，解决了大量实际问题，保障了武器弹药的生产需求。

在军工专家眼中，承载火车的铁轨就是炮筒，也是冲床；破铜烂铁，就是子弹炮弹；涓涓流水，就是动力……各种异想天开的创造发明，为抗日根据地源源不断地造出大量的武器弹药。

在硝烟弥漫的年代，正是这样一群隐秘而伟大的军工身影，他们不是冲锋陷阵的将军与战士，却同样用生命与智慧支持中国抗战。他们是藏身深山密林、土窑旧庙的军工英雄，是用铁锤、烙铁、试管与图纸在战火中"锻造胜利"的人。

在这些军工专家中，刘鼎除了组织、领导军工方面的工作之外，还亲自设计、制造武器并培训了大量军工人员；白英冒着生命危险试制烈性炸药和无烟火药；沈丁祥把铜钱熔铸成一发发子弹……他们在军工战场上攻克了一个个难题，创造了一个个奇迹。

出于工作的保密性，还有许多人的名字不为人知，他们也许一生深藏功与名。但正是他们为前线提供了子弹，提供了枪炮，保障了前后方的通信。他们是现代中国军工的根与魂，他们用一颗颗子弹、一炉炉钢水，在无声处谱写了中华民族不屈不挠的战歌。他们的名字值得被历史镌刻，被后人永远铭记。

烽火英雄

★
"兵工泰斗"刘鼎

图6-01 刘鼎

1902年1月8日,四川省宜宾市南溪古城凤翔街10号,一位开明士绅家中诞生了一个孩子,取名"阚尊民",后改为"刘鼎"(图6-01)。由于早年从事地下情报工作,身份特殊,刘鼎曾先后使用"阚泽民""干作民""甘作明""戴良"等多个化名。直到1936年在西安会见张学良将军后,改名为"刘鼎",此后沿用终生。

刘鼎自幼家庭富裕,耳濡目染,接触到许多当时先进的器物。年少时,他便对闹钟、照相机等电子产品产生了浓厚兴趣,喜欢拆解摆弄,探索其内部结构与运行原理。他的启蒙教育始于传统私塾,熟读《四书》《五经》等经典著作。进入高等小学后,他对算术、绘图、手工技艺表现出强烈兴趣。升入中学后,这种兴趣逐渐发展为对数学、物理、化学的痴迷,并在课堂中展现出非凡的理解能力与实践天赋。

1920年,刘鼎考入浙江省立高等工业学校(今浙江大学)电机科学习。1924年赴德国勤工俭学,先后在格丁根的奥古斯特大学及柏林大学学习,其间他对国外先进的兵器制造技术产生了浓厚的兴趣,专门研读了迫击炮学等专业书籍。他在德国结识了朱德,并由朱德和孙炳文介绍加入中国共产党,成为旅欧支部成员,走上了革命的道路。

1926年,在组织安排下,刘鼎先后到苏联莫斯科东方大学和空军机械学校学习并兼任教官,系统学习了兵器构造、爆破原理、无线通信等军事技术课程。这些经历都为他日后的杰出军工工作打下良好的基础。

1929年回国途中,刘鼎参加了刘伯承领导的远东游击队,任第一连政治指导员,兼任全队的武器教官,并专门练习迫击炮射击,成为一名神射手。回国后,他先在上海的中共中央特科二科任副科长,身边共事的同志们都认为他是一名很细心、机警、有方法、善于动脑筋的人。他曾多次深入虎穴,进行各种乔装,在敌人内部为党完成特殊的重要任务。

1931年10月,刘鼎在上海外滩公园取文件时被叛徒出卖而被捕,后经组织营救保释出狱。之后,他先后任闽浙赣苏区方志敏的红十军组织部部长、闽浙赣洋源兵工厂政委等职。他虽然担任领导工作,但从未放松武器研制工作。他是红军第一门火炮的制造者,亲手研制出35毫米小钢炮,并仿制出与之配套的炮弹,首批成功试制3门。这项技术填补了红军自造火炮的空白,成为中国共产党军事工业发展史上的重要里程碑。

1936年,刘鼎被任命为中共中央驻东北军党代表,并协助张学良将军以团结抗日的爱国主义思想教育东北军,受到党中央的称赞。他曾担任张学良的秘书,并参与了西安事变的解决过程,毛泽东曾评价他在西安事变中"是有功的"。

抗战时他担任八路军总部军工部部长,为统一武器的规格和质量标准、提高生产水平,他把在国外学到的科学技术知识与太行抗日根据地的实际情况相结合,亲自设计与绘制枪械、五〇小炮及炮弹的草图,并组织知识分子和技术工人反复进行研制,在太行山组织开展八一式步枪、单响短枪、枪弹发射药、烈性炸药、火炮和炮弹的批量生产,保证了部队作战的需要。

除了亲自参与设计、推动一系列军工技术发明之外,刘鼎一生还开创了诸多具有战略意义的重要事业。他是中国早期军事与工业教育的拓荒者，先后创办了摩托学校、特科大队和太行工业学校，为战时和新中国建设培养了大量军事技术骨干。

新中国成立后，刘鼎在工业体系建设中继续发挥关键作用：创建工业科研机构，组建太原重型机器厂，筹建中国汽车工业体系，推动全国船舶工业统一管理，扶植无线电产业发展，带动航空工业振兴。他为中国现代工业从无到有、从弱到强奠定了坚实基础，堪称我国工业体系的奠基者之一。

刘鼎是中国军工事业的奠基人，是八路军总部军事工业的主要领导者。刘鼎对八路军的武器制造与发展做出了重要贡献。习仲勋给予他的褒奖是"兵工泰斗，统战功臣"（图6-02，摘自李滔、易辉主编《刘鼎》，人民出版社2002年版）。

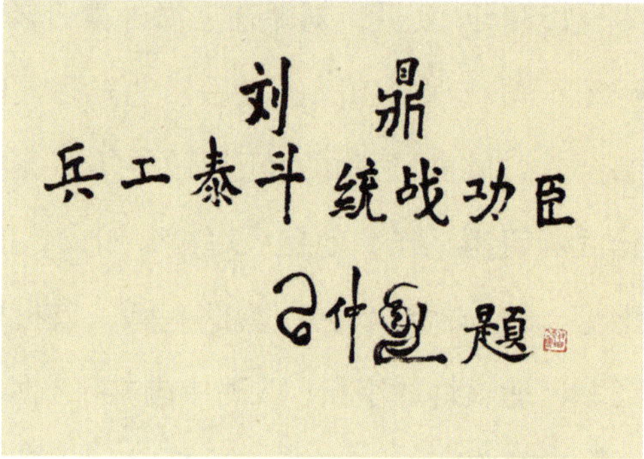

图6-02 习仲勋题词

刘鼎的一生充满了波折与磨难，他几经沉浮，却始终不改初心。"文化大革命"期间还被迫害入狱，终在晚年得以洗雪沉冤。聂荣臻评价刘鼎同志："鞠躬尽瘁，奉献毕生。"胡耀邦同志评价刘鼎同志："他为我们党的事业做出很多重要贡献。"他身上所体现出的坚定党性、高尚品格和对革命理想的执着坚守，是留给后人最珍贵的精神财富，值得我们学习。

烽火中的好发明

独具匠心造武器

1 设计定型掷弹筒炮弹

百团大战期间，彭德怀向刘鼎谈起前线困境：冲锋时，部队总遭遇敌人一种短距火力压制。手榴弹炸不到，火炮又打不着，战士伤亡惨重。经缴获实物确认，那是一种新式日军掷弹筒——轻便灵活、射程百米左右，专打近距离目标，杀伤力极强。

彭总说，敌人有的，我们也要有！刘鼎便迅速组织技术人员对缴获的掷弹筒进行拆解研究。这是一种口径50毫米、重约4公斤的单兵小炮，便于携带，特别适合山地作战。

刘鼎判断：尽管技术条件困难，但只要合理调动资源，依靠群众力量，仿制并非不可能。

在总部批准下，刘鼎组织黄崖洞一所、高峪三所和柳沟铁厂联合研制。他们面临的首要困难是材料紧缺，没有粗钢造炮身；其次，缺少加工设备，特别是掷弹筒筒身的加工，没有现成的设备。

"天下无难事，只怕有心人。"刘鼎依靠群众力量和集体智慧，奇迹般地攻克了看似不可能解决的难题。

没有粗大的钢材，他们想到一个办法：从敌占区拆掉铁路的铁轨来代替。刘鼎还专门编写了《手榴弹炸钢轨的方法》小册子，介绍用手榴弹炸断铁轨是最方便的，但要注意使用方法，并画出了手榴弹如何放置的示意图（图 6-03，图 6-04）。

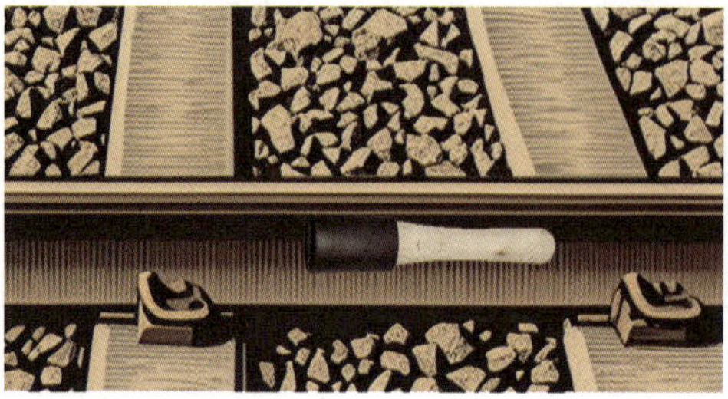

图 6-03 手榴弹炸铁轨（正面）

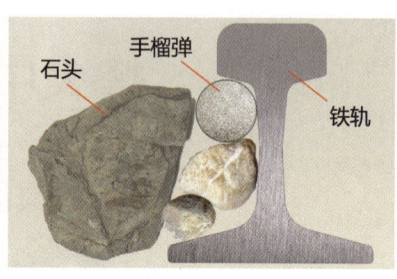

图 6-04 手榴弹炸铁轨（侧面）

当时八路军和广大民兵正在津浦路、正太路沿线开展交通破袭战，铁路、铁轨拆了很多，截断运回来，用大约长 1 米的铁轨脊背，经过加热，在高温下反复锻打、镦粗，锻成直径 100 毫米、高 500 毫米的圆柱形铁坯，然后在车床上加工成形。也可以用铁轨底面，经过碾压，然后卷焊成筒身铁坯。

对筒身的加工，因没有加工炮筒来复线的设备（来复线是枪炮管中的螺旋线，使子弹或炮弹弹头旋转，提高射程和命中率），经技术人员研究，将炮筒改为滑膛结构，适当增加炮筒长度，以保证射击距离及精度。

试射那天，总部首长前来观摩。工人魏振祥抢着装弹，把刘鼎推到安全区。谁知"轰"的一声膛炸，魏师傅当场被炸断右臂。刘鼎冲上去撕衣包扎，含泪喊道："你这是替我流血啊！"魏振祥最终因伤重牺牲。这更激发刘鼎研制武器的决心。

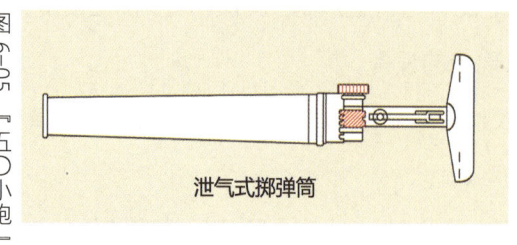

图 6-05 "五〇小炮"设计图

经过改进，三个月后第一批 40 门掷弹筒送上前线。显旺村锻钢厂的军工们抡起大锤打炮筒，加紧生产，到 1941 年掷弹筒年产量达 1090 门，八路军终于能在百米内和日本鬼子抗衡了。

这种掷弹筒炮筒口径 50 毫米，故称"五〇小炮"（图 6-05）。它的炮筒长 400 毫米，小头直径 68 毫米，炮筒采用滑膛结构和泄气孔装置，射程可以自由调节，最远射程是 700 米。经过改良之后，它能使用缴获的日本掷弹筒炮弹，而日军却用不了我们的五〇小炮。

随着掷弹筒以及其炮弹的成批生产，军工部的兵工生产也进行了结构性改组（图 6-06，图 6-07），整个太行兵工厂进入由制造枪支为主转向制造火炮和弹药为主的新阶段。直到抗战胜利，共造掷弹筒 2500 门，使八路军大大提升了战斗力。

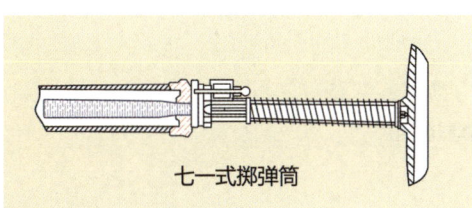

图 6-06 改进的掷弹筒设计图

图 6-07 掷弹筒照片

2 设计定型炮弹

有了掷弹筒，还必须有大量的炮弹供应，才能发挥掷弹筒的威力。

掷弹筒的炮弹也要根据自己的材料和工艺来创新。日制炮弹是平头、全钢质，配以紫铜弹带（弹带会略大于炮弹直径，一是为了卡进膛线，二是紫铜容易变形，气密性好）；太行兵工厂缺少钢材，更缺少铜材，只能将炮弹改为曲线形，用生铁铸造，并取消铜弹带，改用尾翅代替，类似迫击炮弹（图 6-08）。

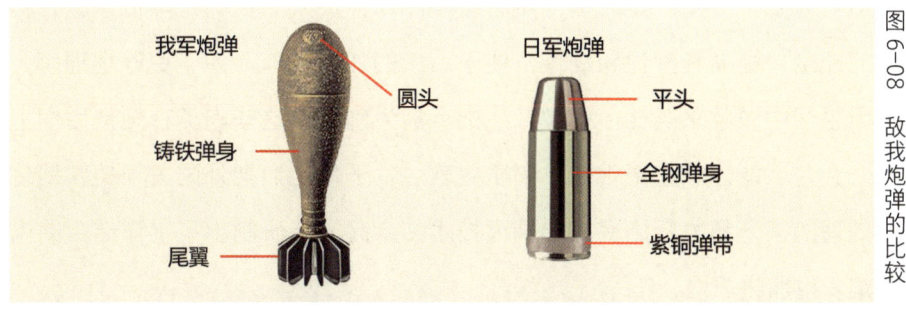

图 6-08 敌我炮弹的比较

生产炮弹需要大量的钢材做弹体，轨道数量有限，又找不到别的钢材，只能考虑弹体改用生铁铸造。

但在战争环境下，太行抗日根据地不可能新建高炉来冶炼灰口生铁。因此唯一可行的方法是设法利用当地盛产的白口生铁。

白口生铁是当地农民用土炉炼出来的，含碳量很高，其断面是白色结晶体，所以叫作"白口生铁"。在晶体显微照片中，可以看到白口生铁中，碳以渗碳体的形式（黑色团块）存在于铁素体中，而纯铁中只有铁素体，基本没有碳（图6-09）。

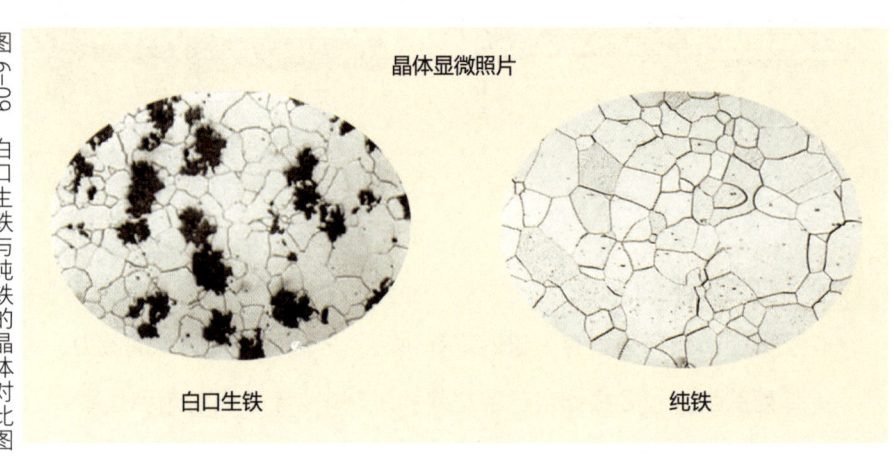

图6-09 白口生铁与纯铁的晶体对比图

这种生铁质地硬，连车刀都啃不动，更不可能造炮弹了。技术员陆达提议："试试焖火！"原来在金属冶炼中，焖火是一种对金属材料进行热处理的工艺方法，也被称为"退火"。其特点是将金属工件加热到适当温度，保持一定时间，然后缓慢冷却。焖火的目的是降低金属材料的硬度，提高其塑性和韧性，便于后续的加工操作。为了更好地理解，用生活中做菜来类比：如做红烧肉、焖牛肉等，这些肉类在炖煮后焖上一会儿，能让味道更香浓，肉质更软烂。于是他们把外国关于铸铁韧化处理的工艺和太行山民间的焖火技术结合起来，研制出了土洋结合的火焰发射加热炉。

在制作过程中，又遇到温度控制问题。加工需要 1000℃ 的温度，但是根据地没有温度计，他们于是想到利用银圆来控制温度，因为银圆熔化的温度约为 1000℃，纯银的熔点在标准大气压下为 961.78℃。而银圆通常含银量约 90%，含铜 10% 左右，当温度达到或超过 1083.4℃ 时，银圆会完全熔化为液态。他们把生铁弹壳埋进土炉，再封炉焖四天。出炉后，焖火后的弹体表层的碳被析出，硬邦邦的弹壳竟变软了，车床一旋，螺纹口稳稳刻上，炮弹的材料解决了！

靠着土法上马，兵工厂在太行山铺开了生产线，柳沟铁厂专门焖火造弹壳。经过不断的改良和研发，炮弹品种不断增多，直到抗战胜利时，共制造掷弹筒炮弹 19.8 万发，源源不断地为八路军提供火力打击日寇。

3 重视教育，办培训班组织群众投身地雷战

1941 年，抗日战争进入胶着状态，抗日根据地开始推广使用地雷（具体见第一章内容）。

刘鼎已系统掌握了地雷的制造方法与使用原理。然而他深知，单凭个人的力量，即便再强，也终究无法应对战争的广泛需求。唯有发动群众、组织合作，才能掀起一场真正有规模、有成效的地雷战。

因此，刘鼎在不断钻研技术的同时，也始终坚持教育与启蒙工作，致力于将个人掌握的技术转化为集体的抗战力量。

为了推动地雷战的广泛开展，他亲自编写了《地雷制造使用法》和《各种地雷触发装置法》，并在东崖底主持开设了地雷战培训班。来自西井区各村的武装委员会主任和民兵队长约五十人参加了培训。每晚开课，系统讲授地雷的结构与原理、生产方法、使用技巧以及如何发动群众性地雷战运动等内容。这期培训持续了半个月，成为太行地区地雷战运动的先导与示范，从此"村村造地雷、户户有地雷"，爆破之声响彻太行。

在这一基础上，军工部又相继组织了分区武装干部培训班，一二九

师教导队与"抗大"也积极参与宣传推广。通过广泛的动员和系统的技术培训，群众性的地雷战运动在晋东南如火如荼地展开。

除了培训地雷相关内容，刘鼎还改良了火药配方，使地雷、手榴弹的威力翻倍。

抗战时期，八路军和新四军的军工基础薄弱、资源匮乏，面对日军先进的武器装备，军工人员却在困境中迸发出惊人的智慧与创意。他们凭借坚韧不拔的精神和灵活变通的思维，创造出许多因地制宜的武器装备和生产方法，为抗战胜利奠定了坚实基础。

在武器制造方面，军工专家们突破重重困难，巧妙改造现有武器。当时子弹极度稀缺，军工专家们就将用过的弹壳收集起来，重新装填火药和弹头，让子弹"重获新生"。由于缺乏精密仪器，他们依靠手工测量和反复试验，摸索出适合的装药量，确保子弹的性能正常。此外，他们还对老旧步枪进行改造，将一些损坏的枪支零部件重新组合，让"退役"的枪支再次投入战斗。

在生产工艺方面，军工专家们也展现出了极高的智慧。由于工厂设备落后，许多工序只能依靠手工完成。为了提高生产效率，他们发明了流水作业法，将武器生产的各个环节进行细分，让工人各司其职，大大提升了生产速度。同时，他们还通过技术交流和经验总结，不断优化生产流程，使有限的资源发挥出最大的效能。

抗战时期军工专家们的智慧与创意，是在极端困难的条件下被激发出来的，更是中华儿女不屈不挠精神的体现。这些宝贵的经验和创新精神，不仅为抗战胜利做出了重要贡献，也为我国军工事业的后续发展积累了宝贵的财富，激励着后人在面对困难时勇于创新、敢于突破。

4 从人力到水轮发动机

1942年春，日军频繁"扫荡"太行地区。为应对战时形势，八路军军工部决定将大型兵工厂拆分成小型单位,实行分散建厂的策略。

工人们将庙宇简单整理后便投入生产。当时带去的几部机床设备极为简陋,全部由火车铁轨改制而成(图6-10)。铁轨被截成合适的尺寸,倒置拼接作为床面,一端安装顶尖,另一端固定刀头,中间装上刀架,便构成了一台机床。

虽然设备土气,却是当时极其宝贵的生产工具。然而,最棘手的

图6-10 由铁轨改造的机床图

图6-11 石轮改造的"手摇轮"

问题在于动力系统缺失:所有设备全靠人工摇动,称为"手摇轮"(图6-11)。

"手摇轮"也完全是就地取材,土法制造:从老乡家中找来磨面的石轮,在中间凿出方孔插入铁棍,将两端弯曲成辘轳把状,装上木架,连接麻绳制作的传动带。一个石轮重达二三百斤,加上负载后更是沉重异常,即使最强壮的小伙子坚持摇动半小时,也会汗流浃背、气喘如牛。

面对简陋的设备,"人工马达"摇动时常伴随剧烈抖动,稍有偏差,成品即告报废。轮工们大汗淋漓地摇着石轮,时常抱怨车工技术不过关,但实则是设备本身精度不足,即使经验丰富的八级车工也难以完全控制误差率。一旦某道工序出错,需将废品重新运回炉内重造,令翻砂部工人也怨声载道。

一次,年轻车工张国斌和同事们在河里洗澡,河水冲得大家都站不稳(图6-12)。他说:"这水劲儿这么大,要是能用来带动机器就好了!"

此话激发了同事们的灵感。

图 6-12　工人们洗澡时发现水流很急

随后在一次下班过河途中,张国斌向徐厂长提出了利用清漳河水建造水轮驱动机床的设想。徐厂长听后一拍他的肩膀:"你为啥子不早说?这主意好,赶紧组织人研究!"

张国斌和几位工友每天收工后便聚在河边研究方案。有一天,狂风吹落张国斌的帽子,帽子在水中翻滚打旋,使他联想到农家水磨,灵机一动,提出了仿制水车建水轮机带动机床的构想。大家深受启发,迅速绘制出草图提交厂部审批。

徐厂长批准后,工人们立即行动起来。砖瓦木料匮乏,只能从山上背石块、搬石板,工人们肩膀磨肿,鞋底磨穿,仍日夜奋战。苏公村的乡亲们也积极支援,捐出上等的木材,派木匠协助制造水轮。房屋建成后,水轮装置安装完毕,水渠挖通,只待试车。

试车前一夜北风呼啸、大雪纷飞,清漳河水结起厚冰。工人们心急如焚,天未亮便奔赴河边,冒雪砸冰,跌倒再起,毫不退缩。终于冰面被砸开,河水灌入水渠,奔涌而下。

当水轮启动的刹那,车床轰然运转(图6-13),工房内掌声雷动、欢呼不止。

有了水轮机后，炮弹加工成品光滑无瑕，尺寸精准，效率提升三四倍。这一成就不仅极大地缓解了劳力负担，更在敌后

图 6-13 水轮机带动机床（示意图）

封锁严密、物资匮乏的背景下，为抗战生产注入了强劲动力。

张国斌等人首创的水轮驱动机床很快在清漳河沿岸的云头底村、明水村等地推广开来，成为太行抗日根据地重要的技术革新成果。

5 如何造子弹

1940 年春，抗战正酣，八路军在前线的子弹供应已捉襟见肘，每支步枪最多不过十几发子弹，有的甚至仅配备四五发子弹。为此，军工总部决定在太行抗日根据地建立我军自己的子弹厂，自主复装步枪弹，以解燃眉之急。

工厂选址于山西黎城县的下赤峪村，关帝庙成为天然的"军工厂"。相关领导协商部署，从太南、柳沟等地调来数十名有弹药经验的工匠与技术骨干，其中便有沈丁祥、孙永富、白英等人。

子弹厂开张第一件事，不是造新子弹，而是"复装"，也就是把战场上捡回来的旧弹壳翻修成能重新使用的子弹。这活儿看起来不复杂，实则门道多得很。

沈丁祥带着技术工人白天修设备，晚上熬灯试验，从最基础的旧弹壳复装入手。弹壳规格混杂，有的严重变形破裂，为了提高回收利用率，工人们手工进行 20 多道修复工序：挑选、煮洗、退火、整形、挖旧底火帽等。

其中"挖旧底火帽"是技术难关。底火帽需要厚度 0.25～0.3 毫米的紫铜皮，子弹在射击前，底火是光滑平整的，但射击后，底火上会被撞针撞出一个小凹陷（图 6-14）。在铜材奇缺的情况下，工人从破损弹壳上切片碾压，用来冲制圆片。没有专业工具，只能用尖锥凿子手工挑出残余底火。一不小心就会破坏底座，使新底火无法压入。有时因为模具不稳，操作工人甚至被冲伤手指。

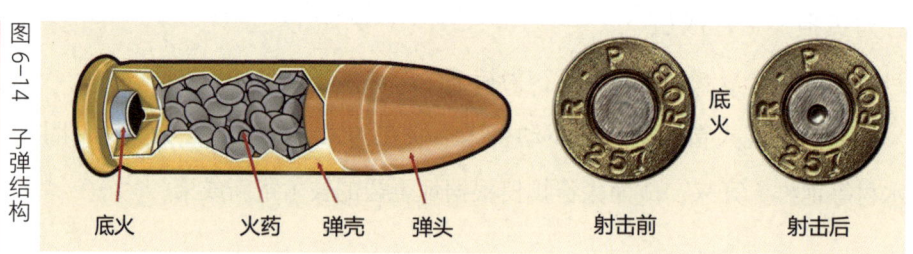

图 6-14 子弹结构

沈丁祥和同事反复试验，在凿子上加了一个适当弯度，使之既能顺利插入，又不伤结构。后来甚至发明出"注水冲挤法"：用水压将底火帽"顶"出来，大大提高了成功率（图 6-15）。为了安全与效率，后期工艺还在不断改进。

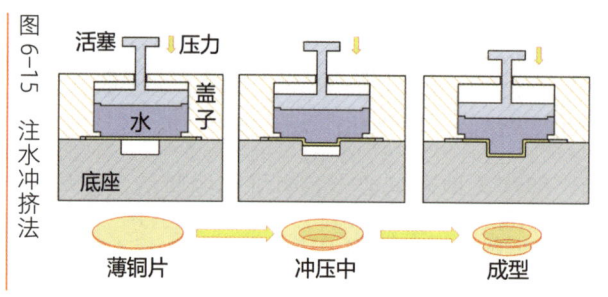

图 6-15 注水冲挤法

可弹壳总有用完的一天，怎么办？沈丁祥看原材料供不上，就组织人去老百姓家里收铜钱、香炉、蜡台、酒壶这些日用品。把这些旧铜熔成块，再反复锤炼、压模，硬是打出了一个个标准的子弹壳。

比起弹壳的复原，弹头的制作更是一场"从无到有"的战斗。

当时抗日根据地内无紫铜板，他们灵机一动，从百姓家中收购铜圆。经反复试验发现，铜圆可以打出弹头壳。他们在铁轨中寻找含碳量高的小钢轨当冲模材料，再用热镦工艺将其"变细为粗"，解决了模具硬度与尺寸问题。

弹芯没铅，怎么办？那就把老百姓家里的香炉、蜡台这些铜锡铅合金熔了再制。弹头芯则采用合金铅。没有工业原料，将从民间收集到的废弃的铜锡铅合金香炉、酒壶等器具，熔化后铸成小条，再通过模孔拉丝、切段，注入弹壳中封口。最后有人提出直接"灌注法"：将合金液体直接倒入弹头壳中，一气呵成。这样大大提升了生产效率。

子弹厂在"五一"前夕成功复装出 500 多发七九步枪子弹，击发正常，发发命中，有关领导现场检验后大为赞赏。从此，太行抗日根据地实现了子弹的自主供给，日产数千发子弹。

随着战争形势迅速发展，弹药需求剧增。1944 年，军工部决定将弹药厂搬迁至西安村，沿清漳河而建。新厂引入水轮机作为动力，取代了人力摇动机床的落后方式，极大地提高了产量，月产子弹高达 7 万发。

在设计和试验过程中，由于经常进行实弹试射检验，沈丁祥总是亲自参加危险性较大的工作。有一次试射时发生了枪管爆裂，他的一只手掌被炸得血肉模糊，留下了手指不能弯曲的终身残疾。还有很多无名英雄在八路军军工产品的研发和生产中献出了自己宝贵的生命。

6 如何造无烟火药

1941 年 5 月，抗日根据地开始大规模生产掷弹筒炮弹，但由于缺乏原材料，无法采用无烟火药装填，只能继续使用黑火药，极大地影响了弹药性能的发挥。另外，国民党政府自 1940 年起全面停止了对八路军的军火供应。弹药自给已成当务之急，持久战要求抗日根据地必须尽快突破火药生产瓶颈。

刘鼎查阅了军工部职工档案，发现在当时的技术人员中，白英略懂无烟火药的制造，就由他牵头负责，在黎城县南委泉乡云崖寺山脚下的百步峻村外，选定一栋破旧的民房作为试验工房。

他们搭建木架,设置铅皮磨盘"除酸机",利用附近水井和大木桶进行水洗浸泡,并从寺庙石磨中获得灵感,自制"细断机"(一种用于将物料进行精细切断、粉碎或研磨的机械设备),一套简易的硝化棉车间就此建立。

制造无烟火药的第一步,必须先解决硫酸生产问题。硫酸被称为"火药之母",是制造无烟火药和烈性炸药的关键原料。但技术上的第一个难关就是如何制硫酸。通常有两种方法:其一是"接触法",需用复杂装置并依赖稀缺的细铂金粉作为催化剂;其二是"铅室法",相对简单,但需要大量铅板。

"铅室法"是一种古老的硝化法制硫酸方法。其以铅制方形空室为主要设备,利用一氧化氮和二氧化氮作催化剂。含二氧化硫气体先进入脱硝塔与含硝硫酸逆流接触,脱除氮氧化物后,混合气体进入铅室,在铅室中二氧化硫被氧化生成硫酸,最后通过吸硝塔吸收氮氧化物,含硝硫酸循环使用。该方法反应生成的硫酸浓度约为70%,纯度较低,且存在设备耗铅量大、反应空间要求大等缺点,20世纪起逐渐被"塔式法"和"接触法"取代。

然而在太行抗日根据地,既无铂金也无铅板,这两种方法均无法采用。面对困境,刘鼎委派王锡嘏组织硫酸试制,决定以铅室法为基础原理,土洋结合、自主创新。他们想到民间常见的大陶缸,这种缸具有良好的耐酸性,于是就地取材,用两口口径相同的陶缸上下对口垒成塔,数个塔之间通过瓷管连接,组成"缸室"(图6-16a),替代传统的铅室蒸馏塔(图6-16b)。经过多轮试验,终于在1941年11月,用这

图6-16a 陶缸对口垒成塔

种独创的"缸室法"成功制得合格的硫酸。

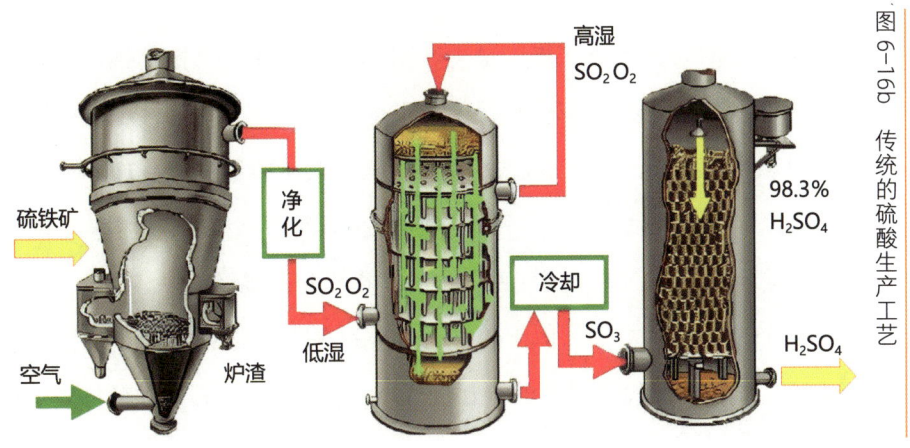

图 6-16b 传统的硫酸生产工艺

制硫酸成功后,刘鼎迅速安排在百步峻村设立化学厂,边生产边改进,开始研究浓缩硫酸的新工艺。

他们依然采用土法上马:用一排由高到低的瓷盘构成梯形锅,在下方加热,将稀硫酸从最高点缓缓注入,让其顺势流动,最终在最低点浓缩成浓硫酸。就在这种简陋的条件下,他们开始了加工硫酸的流程(图6-17)。

整个生产过程在室外露天进行,烟雾弥漫、酸气刺鼻,工人们的牙

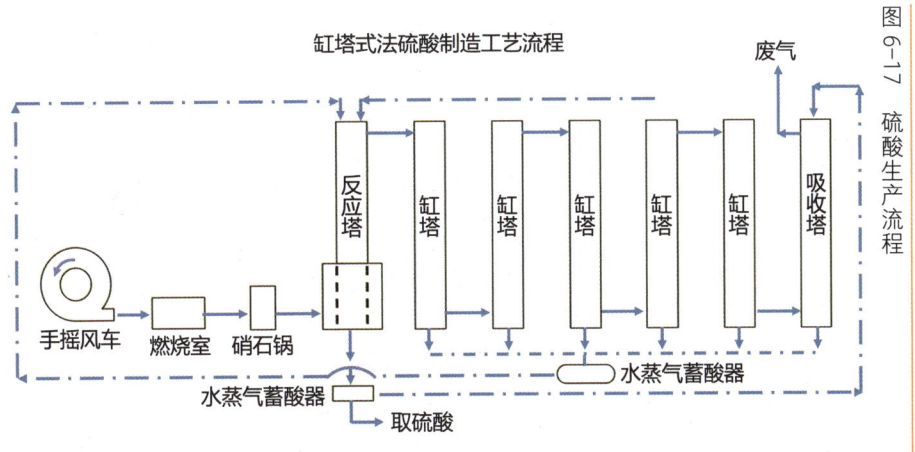

图 6-17 硫酸生产流程

齿受损，衣物常被腐蚀，有时甚至不得不赤膊上阵。但为了前线需要，他们克服艰苦环境，日夜奋战。

制造无烟火药的第二步，是生产出具有强烈爆炸性能的棉药。这一工艺流程复杂，从选用棉花原料开始，先要经过梳解、脱脂（沸煮去油脂，制得可燃性纤维素），再与硫酸、硝酸配成混酸进行硝化，生成含碳、氢、氧、氮四种元素的硝化棉。之后还需依次完成除废酸、水洗、浸泡、煮洗、细断、温漂、驱水、烘干等工序，最终制得合格的棉药。

整个设备体系贯彻"以土代洋、因陋就简"的原则：用铁锅代替蒸煮设备、高边瓦桶代替硝化机、土灶煤火代替烘干室、石磨代替打浆机。

为进一步制成无烟火药，还需经历强弱棉混合、胶化、碾片、光片、切药、筛药、烘干、装箱等 30 多道工序。按正规方法需配备至少五台专用设备，并严格分区操作，特别是胶化工序需独立空间、厚墙隔断以防爆炸。

由于缺乏"初速""膛压"等测试仪器，无法常规检验药性，但白英等人凭借在火药厂积累的经验，主张只要每道工序精确到位，产品依然可达到合格标准。

雷汞的制取最为危险（图 6-18，雷汞用于引爆各种弹药，为弹药的

图 6-18　雷汞制取

爆炸提供初始的能量）。需要用水银和硝酸反应后加酒精还原，每次反应都伴随滚滚白烟，稍有不慎便可能引发爆炸。

白英等人冒着生命危险，在简陋的防护条件下摸索出了安全制程，制定严格的操作规程，使雷汞产量逐步提升。

无烟火药研制期间，限于条件困难，化学厂毫无安全设施，工人们趁清晨低温，在山泉边端着装有硝化甘油的瓷盆，以流水为其降温，一旦发现冒烟便立刻将其沉入水底，防止爆炸（图 6-19）。在这种简陋条件下，兵工战士凭借不怕苦、不怕死的精神，成功研发出"盆式硝化法"，攻克了技术与装备的双重难关。

图 6-19 以流水为硝化甘油降温

1941 年 9 月初，白英带着自制的无烟火药及装配好的 20 发子弹前往苏公村枪弹厂，由刘鼎主持试射。刘鼎亲自压弹、上膛，在土地庙外朝山崖连发三枪，弹无虚发，令人振奋，这标志着无烟火药研制成功。这是太行抗日根据地火炸药从黑色火药向烈性火药跨越的关键性突破，也极大地增强了八路军的武器自主能力与攻坚作战效能。

7 如何生产制式步枪

1938年3月，中共中央军委为发展陕甘宁抗日根据地的军事工业，同时考虑到工厂的安全，把陕甘宁抗日根据地机器厂迁到茶坊（今延安市安塞区沿河湾镇茶坊村），故又称"茶坊兵工厂"。工厂分为东厂和西厂，其中东厂为枪械修造部，由刘贵福负责，主要工作为修配枪械和筹备自造步枪。

为贯彻上级自造步枪的指示，刘贵福构思了一种新枪，并和孙云龙等人立即设计制作模具和样枪。他们以捷克式马步枪为基础，在不影响枪支基本性能的前提下，根据八路军的作战特点，大胆简化步枪零件，并且立足手工制作，以便于大量生产。没有深孔加工设备，就在车床上用深孔钻加工；没有拉来复线机，就用冷挤压法拉出膛线。

经过几个月的研究、设计、加工、检验、总装，刘贵福等人于1939年4月25日制造出样枪，经过试验，性能良好，并于1939年五一国际劳动节在陕甘宁工业展览会上以"无名式马步枪"的名义参展（当时还来不及取名）。在5月12日的展览会闭幕式上，这款无名式马步枪因"制造精巧，适于当前实用，对国防工业有特殊贡献、对边区工业有特殊贡献"，被授予甲等产品奖，陕甘宁机器厂被评为"特等奖单位"，刘贵福被授予"特级劳动英雄"称号。

1939年4月底，陕甘宁机器厂枪械修造部迁至安塞县与志丹交界的郝家岔村，专门生产"无名式马步枪"。6月初，他们生产出第一批"无名式马步枪"，进行寿命测试时连打200发子弹。

这种枪为什么被称为"马步枪"？因为传统步枪长度较长，骑兵在马背上使用时极为不便，也不利于在复杂地形中机动。因此，人们通过缩短枪管、修改枪托等方式，在普通步枪的基础上设计出一种较短的步枪，供骑兵使用，这种枪便被称为"马步枪"。

1940年5月，八路军总部军工部部长刘鼎根据上级要求，并结合八路军长期坚持山地游击战、近战、白刃战的需要，提出了关于新步枪的设想，交给了刘贵福组织设计。

刘贵福接领任务后，吸收当时步枪的优点，尤其对无名式马步枪中折叠式枪刺进行了改进，于1940年7月试制出新步枪及枪刺。该枪体积小，射击准确；护手和准星是重新设计的；其新式三棱刺刀底部为正方形，连接稳固，枪刺以无名式马步枪的设计为基础，改有血槽，经过淬火又增加了强度；平时刺刀反贴于枪管上，肉搏时按动键钮一甩，可自动展开固定（图6-20）。

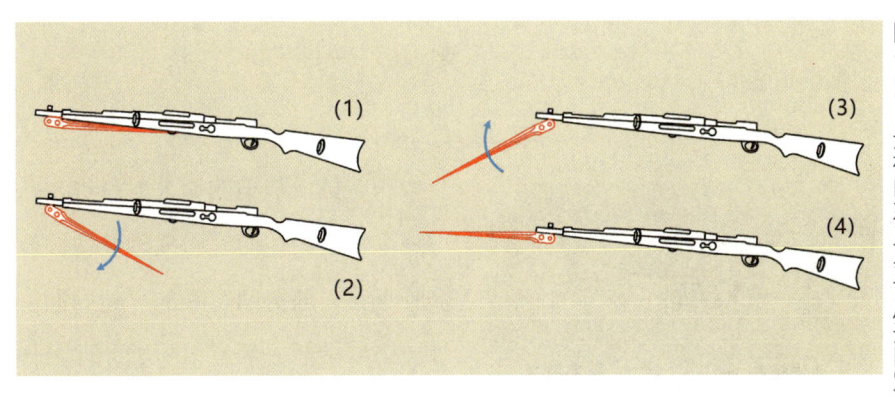

图6-20 步枪的刺刀易于展开固定

刘鼎带着新枪到八路军总部汇报时，受到彭德怀、左权等首长的赞扬，随即下令军工部迅速组织力量，按图纸统一批量生产，分发至各抗日根据地。当天正好赶上8月1日，这种新枪被正式命名为"八一式步枪"。

八一式步枪的特点不仅有体积小、射击准确、外观漂亮，而且它不再是以前"手抠式"生产方式，经过众人一起努力，变成了制式化大生产模式。

八一式步枪从1940年8月到当年年底，就生产了3300支，从而成为中共领导的抗日根据地制造量最大的制式步枪。从此八一式步枪便成为太行地区的"制式"步枪（图6-21）。

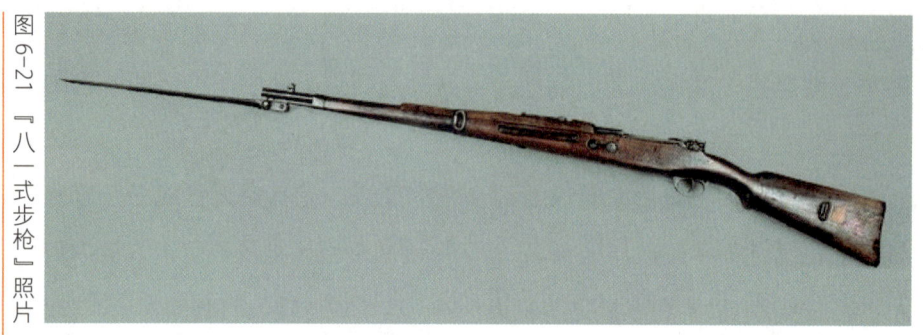

图 6-21 "八一式步枪"照片

发明思维大讨论

★

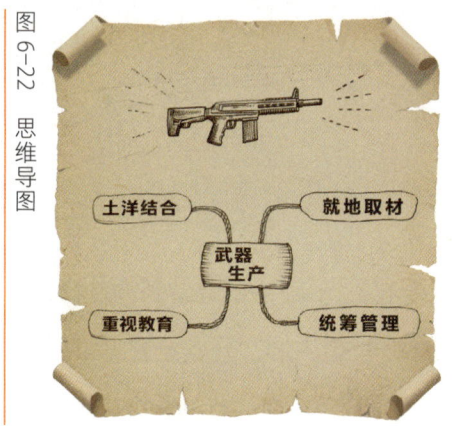

图 6-22 思维导图

　　在抗日战争的烽火岁月里，八路军和新四军面临着武器装备极度匮乏、外部援助有限的严峻局面。为了打破敌人的军事封锁，保障作战需求，军工专家们充分发挥主观能动性，通过土洋结合、就地取材、重视教育、统筹管理等方式（图 6-22），走出了一条独特的军工发展道路，为抗战胜利做出了重要贡献。

　　土洋结合是八路军、新四军军工发展的显著特色。军工人员将传统工艺与现代技术相结合，例如在制造枪械方面，缺乏精密机床等先进设备，工匠们就用土法制造简易机床。同时，军工人员还积极对缴获的武器进行改造升级，实现了"土设备"与"洋技术"的有机融合。

就地取材是解决物资短缺问题的关键策略。当时原材料极其稀缺,八路军、新四军充分利用抗日根据地的自然资源和民间物资。在弹药生产上,没有无烟火药,就自制硫酸、棉药;没有合适的弹壳材料,就收集废铜烂铁。这些就地取材制造的武器弹药,在敌后战场上发挥了巨大威力,给日军造成了沉重打击。

重视教育培养了大量军工人才。八路军、新四军深知人才对于军工发展的重要性,在抗日根据地创办了各类军工学校和培训班。学校不仅传授理论知识,还注重实践操作,学员们在学习过程中就参与到武器装备的研发和生产中。同时,还邀请一些技术专家和老工匠进行授课,分享经验和技术。通过系统的教育培养,一批批掌握军工技术的人才涌现出来,为军工事业的发展提供了坚实的后备力量。

统筹管理保障了军工生产的高效有序。八路军、新四军建立了完善的军工管理体系,对生产任务进行合理的分配和调度。根据不同地区的资源优势和技术条件,设立专门的兵工厂和作坊,明确各自的生产重点。例如,有的地区擅长金属加工,就主要负责枪械零部件的生产;有的地区有丰富的木材资源,就承担木质武器和弹药箱的制作;等等。同时加强对原材料供应、生产流程、质量检验等环节的管理,确保军工生产的质量和效率。通过统筹管理,实现了资源的优化配置,提高了军工生产的整体水平。

抗战时期八路军、新四军的军工发展,是一部充满智慧与勇气的奋斗史。土洋结合、就地取材、重视教育、统筹管理四大策略相互配合,催生出一系列因地制宜的发明创造,不仅满足了自身的作战需求,也为中国军工事业积累了宝贵经验。

创新迁移前景广

1 从步枪瞄准到洲际弹道导弹瞄准

刘贵福设计的步枪射击精度较高,在200米以内能够准确命中目标,枪管上的准星亦被彭德怀誉为"天下第一准星"。

说到枪支的瞄准,里面有个有趣的问题:射击时子弹发射出去后做抛物线运动,但瞄准时却要求"三点一线"(图6-23)。这里有矛盾吗?抛物线与直线是什么关系?

注意到抛物线与直线有2个交点,其中远处的交点就是目标(图6-24)。所以有经验的士兵要先估计目标的距离,调整好标尺,再进行瞄准(图6-25)。反过来说,如果不考虑距离,即使"瞄准了"也打不中目标。

图6-23 瞄准中三点一线

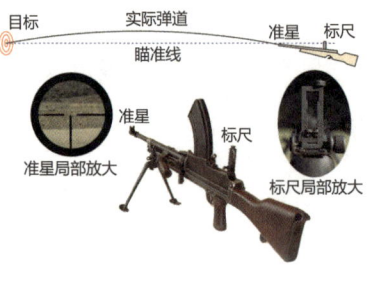

图6-24 弹道与瞄准线的关系

以上是枪械瞄准的原理。但是,当时抗日根据地造枪加工精度达不到要求,机械加工的条件太差,没有专门造枪的机床。比如深孔钻床精度不够,还有加工枪膛里的来复线也不精确。所以,没有办法的办法,就必须有一个可以动的校准的装置,刘贵福选择了准星。通过调动准星

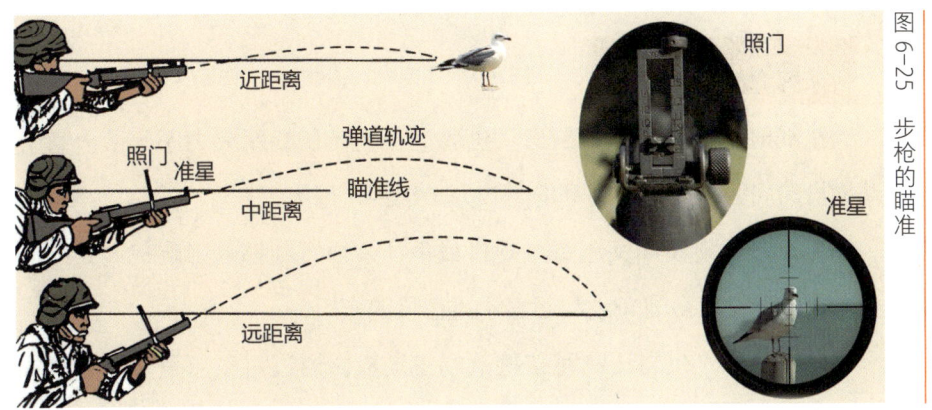

图 6-25 步枪的瞄准

来校准瞄准的精度。这是世界枪械设计中从来没有的模式,这也是没有条件,硬逼出来的方法。

没有想到实际效果还很好,战士可以根据实际射击距离和环境,对瞄准系统进行简单的调整,进一步提高射击的准确性。

步枪可以按直线瞄准,那洲际弹道导弹如何瞄准呢?

洲际弹道导弹是国之重器,是战略核力量的重要组成部分。它的射程超过 8000 千米,可跨越大洲攻击目标,是维护国家安全、实现战略威慑的关键武器。

图 6-26 导弹飞行中的瞄准

导弹飞行时如何瞄准?卫星导航系统如同为导弹装上"眼睛",指引其精准飞向目标(图 6-26)。以我国某型号洲际弹道导弹为例,它融合了惯性导航和北斗卫星导航系统等定位技术。导弹在飞行时,能实时接收北斗系统的位置信息,类似安装了导航系统的小车,通过卫星知道自己的定位,又知道目的地位置,就可以导航过去。导弹接收到卫星信号后,对比理论飞行轨迹与实际偏差,进行修正,就能保障高精度打击。

2 从掷弹筒到火箭炮

抗战时期，刘鼎设计制造了掷弹筒，扭转了我军火力不足、一直被动挨打的局面，使得八路军的进攻力量得到了巨大提升。

无论是小规模冲突还是大规模战争，火力压制都是影响战局走向的核心要素，对赢得战争胜利起着不可替代的作用。

在战争中，火力压制可掌控战场主动权。通过对敌方重要目标，如指挥中心、弹药库、交通枢纽等实施火力打击，能切断敌方的作战指挥链条，干扰物资补给，破坏其作战体系。当敌方陷入混乱与被动时，我方就能把握战场节奏，灵活调整战略部署，向胜利迈进。

在现代，我军已经开发了大量武器装备，其中射程超 300 千米的火箭炮是现代远程打击的"陆战重器"，凭借超远射程与强大毁伤力，成为我陆军作战体系的关键力量（图 6-27）。

图 6-27 远程火箭炮

这类火箭炮通常采用模块化设计，可快速更换发射模块，实现弹药种类切换与再装填。它们与战术导弹形成高低搭配，既具备导弹的远程打击能力，又拥有火箭炮的火力密度和成本优势，极大地提升了陆军的纵深打击与战场火力覆盖能力，成为现代战争中不可或缺的战略威慑与实战装备。

3 从铁轨机床到六轴机床

在抗日根据地艰苦的环境下，军工人员把铁轨改造成简单的机床，满足了急需的军工任务。

机床被称为"工业母机"，因为它是制造机器的机器，在工业生产体系中处于核心地位，是现代工业发展的基石。机床的技术水平和制造能力，还是衡量一个国家工业实力的重要标志。掌握高端机床技术，意味着在全球制造业竞争中占据制高点，对保障国家产业安全、推动经济高质量发展具有深远的战略意义。

现代技术发展很快，出现了六轴机床，它是高端制造领域的"精密工匠"，通过六个运动轴的协同配合，实现复杂零件的高精度加工。相较于常见的三轴机床，它增加了两个旋转轴和一个直线轴，突破了传统机床在加工角度和空间位置上的限制（图6-28）。

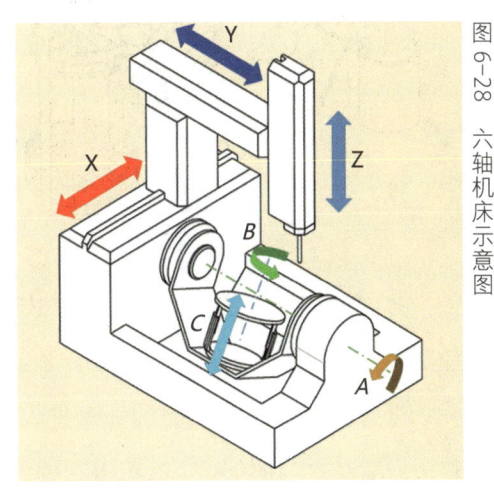

图6-28 六轴机床示意图

六轴机床通常包含X、Y、Z三个直线运动轴，用于控制刀具在三维空间的移动；A、B、C三个旋转运动轴或移动轴，可使工件或刀具围绕不同轴线旋转。这六个轴的联动，能让刀具以任意角度、姿态接近工件，在一次装夹过程中完成复杂曲面的加工，极大地减少了因多次装夹带来的定位误差。

随着智能制造的发展，六轴机床正与数控系统、工业机器人技术深度融合,这不仅在航空航天、汽车制造等传统领域发挥关键作用,也在新能源、医疗器械等新兴产业中崭露头角,成为推动制造业向高端化迈进的核心装备。

4 从水轮发动机到原子核聚变

人类一直就梦想让自然的力量为人类服务,由此发明了各种机械装置,利用风能、水能等作为动力。我国古人利用水力的装置多样且充满智慧,如筒车以轮装竹筒取水,水流冲击自动灌溉;水碓靠水力驱动舂米,节省人力;水磨利用水力转动石磨,用于粮食加工。公元一世纪,东汉就有了"水排",用水力鼓风炼铁,装置中有齿轮和连杆机构(图6-29)。这些装置充分展现了古人对水力的巧妙运用,在农业和手工业生产中发挥了重要作用。

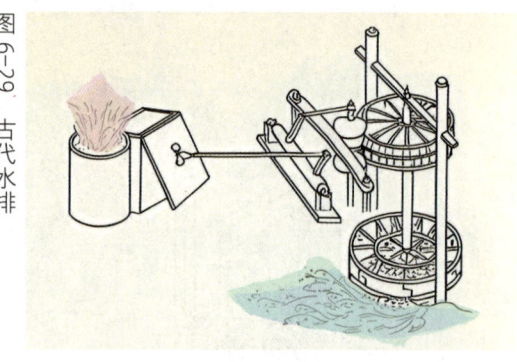

图6-29 古代水排

张国斌利用河水作为机器的动力,在当时的情况下是一大创举,解放了人力,提高了生产效率。

合理高效利用自然界的能源是人类一直追求的目标,如果人类可以释放出原子内部的能量,就可以有取之不竭、用之不尽的终极能源。目前,人类已经很接近这一步了。

原子弹利用原子核裂变产生巨大的能量,但是由于核裂变不可控制。科学家对原子核聚变进行了研究。核聚变是指由质量小的原子在极高的温度和压力下,合并成一个较重的原子核的过程(如太阳上的核反应),在此过程中会释放出巨大的能量,且容易控制。

核聚变依据的原理是爱因斯坦的质能公式 $E=mc^2$,即质量亏损转化为能量释放。核聚变时会出现质量亏损,根据质能关系,这部分亏损的质量会转化为能量释放出来。

目前,核聚变研究主要集中在磁约束核聚变和惯性约束核聚变两大方向上。磁约束核聚变利用强大的磁场将等离子体约束在一定空间内,使其达到核聚变所需的条件,托卡马克装置是磁约束核聚变研究的主流设备(图6-30)。惯性约束核聚变则是利用高功率激光或粒子束照射燃料靶丸,使其在极短时间内产生高温高压,引发核聚变。

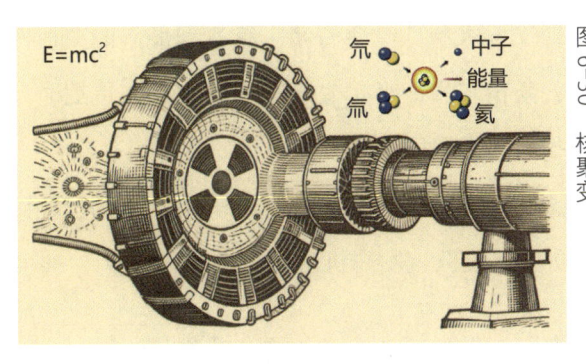

图 6-30 核聚变

核聚变能源具有众多优点。首先,能量密度极高,每公斤核聚变燃料产生的能量比核裂变燃料多四倍,比燃烧化石燃料多近四百万倍。其次,燃料来源丰富,氘可以从海水中廉价提取,氚可通过聚变产生的中子与天然锂反应获得。再者,相对清洁,不会向大气中排放二氧化碳等温室气体,也不会产生高放射性、长寿命的核废物。此外,核聚变具有内在安全性,由于其反应条件苛刻,不存在失控反应和熔毁的风险。

5 从铁轨造炮身到3D成型

刘鼎带领工人们把铁轨经过加热,在高温下反复锻打、镦粗,最后锻成圆柱形铁坯,然后在车床上加工成形,做出了掷弹筒的筒身铁坯。

这一过程涉及材料的加工和变形。材料加工过程中,变形问题会直接影响工件的尺寸精度与性能。加工变形主要由材料内部"残余应力"、加工热效应、外力作用等因素导致。什么是残余应力呢?就是物体受热后,内部由于膨胀会变形;即使降温了,但是内部的变形不会完全消失,还会有少量残留变形,而变形引起的单位面积上的力,称为残余应力。在生活中,有残余应力引发的奇特现象的例子,例如钧瓷,出炉后温度降到室温,但是钧瓷内部仍有残余应力,且存在很长时间,甚至很多年后的夜深人静时,还能听到钧瓷"啪"的一声开裂的声音(陶瓷领域称为"开片")。在实际生产中,常将多种处理方法结合使用,依据材料特性和加工要求制订综合方案,以达到最佳的变形控制效果,确保材料加工后的质量与性能满足生产需求。因此在抗战时期做出掷弹筒,还是克服了很大困难的。

现代技术发展很快,目前加工制作已经到了直接"打印"的阶段,如高精度飞机发动机(图6-31)。

图6-31 打印的飞机发动机

金属3D(3-Dimensional,三维)打印突破传统制造局限,展现诸多独特优势。它能实现复杂结构成型,通过逐层堆积,可制造出内部带有精细网格、随形冷却通道等传统工艺难以加工的零件。在材料利用上,减少浪费,按需成型,显著提高材料利用率。产品设计更灵活,可依据性能需求进行拓扑优化,自由设计轻量化、高强度的零部件。同时,支持个性化定制,快速响应单件或小批量生产需求,尤其适用于航空航天、医疗等领域,能高效制造出符合特殊要求的金属构件。

金属3D打印机以其独特技术与多样产品,创造出高质量、复杂且个性化的作品，在多行业展现巨大潜力，持续推动材料加工与制造业发展。

6 从"注水冲挤法"到万吨水压机

沈丁祥发明的"注水冲挤法"加工子弹底火，属于压力铸造。

工业加工铸造作为制造业的核心工艺，通过将液态金属注入模具并冷却成型，为各类机械零部件赋予特定形状。常见的有砂型铸造、熔模铸造和压力铸造。

1961年12月，上海江南造船厂成功地建成国内第一台12000吨水压机，为中国重型机械工业填补了一项空白。其原理与"注水冲挤法"类似，只是装备更复杂，压力更大（图6-32）。它是由一机部沈鸿主持组织生产的，当时获得了广泛宣传报道。其实，另一台是由刘鼎主持组织生产的12500吨水压机，因为军工保密等问题，当时没有宣传，但业内人士都知道万吨水压机的事，他们称之为"南沈北刘"。

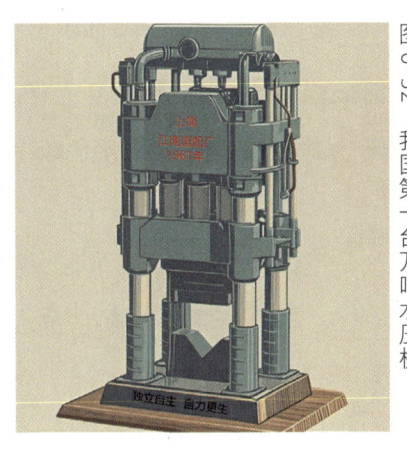

图6-32 我国第一台万吨水压机

下面是工业中挤压成型过程的示意图。一块平的金属板被送到挤压机上，上面的夹具向下运动，使金属板变形成为特定的形状，然后被传送带运走（图6-33），整个过程效率很高。

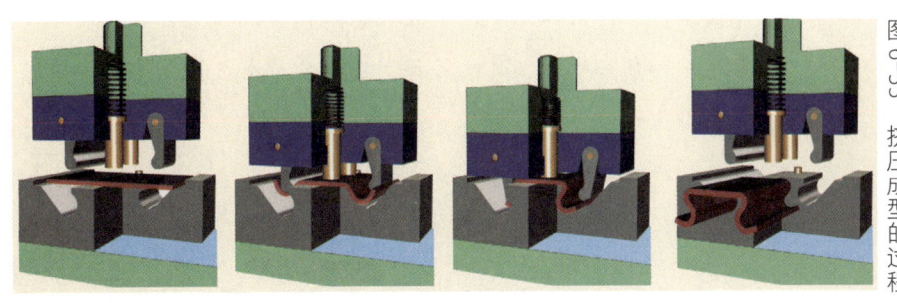

图6-33 挤压成型的过程

总之，发明创造的目的，在战争时期主要是消灭敌人，在和平时期则是追求美好生活。

战争驱动下，武器装备、防御工事等发明应运而生，从冷兵器时代的铠甲刀剑，到现代的洲际弹道导弹、隐形战机，这些发明旨在获得军事优势，维护国家与群体安全。

在和平年代，发明创造围绕提升生活品质展开，如洗衣机解放人力，互联网打破信息壁垒，智能家居实现便捷生活。

前者聚焦对抗与守护，后者着眼舒适与发展，二者虽目的不同，却都彰显人类通过创造改变世界、谋求生存发展的智慧与力量。我们更应该把战争中的智慧和发明创造用于和平建设，反对战争，让明天更美好。

附注：更多军工方面的资料参见

（1）黄崖洞革命纪念地，地址：山西省长治市黎城县黄崖洞镇赤峪村。

（2）重庆建川博物馆（抗战兵工博物馆），地址：重庆市九龙坡区谢家湾付家沟。

（3）鱼子山抗日战争纪念馆，地址：北京市平谷区。

（4）电影《51号兵站》（刘琼执导，1961年上映）。

（5）电影《九死一生——把一切献给党》（毛玉勤、李玲执导，1992年上映）。

（6）《刘鼎传》，吴殿尧著，中央文献出版社，2012年。

（7）《把一切献给党》，吴运铎著，中国工人出版社，1953年。

第七章 发明方法集锦

抗战烽火中的好发明——战法与武器

发明创造的重要特征在于"与众不同"。无论是理念、方案还是具体物品,发明的价值在于打破常规,突破既有框架,进而构建出前所未有的全新组合或功能。这一过程离不开创造性的思维与对现实问题的敏锐洞察。

虽然发明没有固定公式,但通过对历史与现实中众多案例的总结,我们仍可以归纳出若干具有指导意义的思维方法。以下列举几种常见的发明路径,并邀请读者思考,在抗战时期那些简单且巧妙的战法与武器装备创新中,哪些恰好对应了这些方法?

1

不同的东西"加"在一起,可能就是新的产品。例如,铅笔+橡皮,就成了橡皮头铅笔(图7-01);圆珠笔+裁纸刀,一端写字,另一端可以把写好的纸条裁下来;电话与录音机,就是录音电话。

图 7-01 『加一加』发明法

然而，并非所有组合都是合理有效的。比如：将眼镜＋圆珠笔结合，将笔体设计为眼镜腿，看似新颖，但使用时需将笔取下，导致近视者在写字时无法佩戴眼镜，反而造成不便，甚至可能加剧视力疲劳。这类发明虽具娱乐价值，但实用性不足，未能有效解决实际问题。

在地雷战中，有一个极具代表性的"加一加"发明模式，把地雷与自制水钟结合，使得地雷可以根据要求延时引爆。而"自制水钟"又是受真实水钟的启发而用竹筒做成，简单而有创意。

在地道战中，将地道与水井结合，就使得地道很容易排水、排毒、换气。

雁翎队把葫芦与地雷结合，就制成了水雷，可以炸敌船，封锁航道。

铁道游击队在破坏敌人铁轨时，发明了新的工具：把扳手和撬棍加在一起，使得杠杆同时具有多种功能。

这种创新不仅体现出"加一加"的发明逻辑，更展现了战场上以简制胜、以巧克敌的实战智慧。

2 减一减

"发明"的另一个核心思路，是对已有事物进行重新审视，从中剥离冗余，精简结构，以"减"促"新"。换句话说，是否可以在某个物品或系统上适当"减去"些什么？去掉不必要的部分，简化流程、降低重量，是否会带来全新的功能、用途，或者让操作变得更高效、更便捷？这正是"减一减"策略所关注的核心。

这一思路在现代科技发展中屡见不鲜。例如，鼠标（图7-02a，图7-02b）

图7-02a 鼠标

图7-02b 无线鼠标

刚刚发明之初，需要通过一根导线连接电脑，因其外形酷似老鼠而被命名为"Mouse"。然而，拖着一根导线在使用中颇为不便，于是工程师们提出：能否去掉这根线？在这个"减去"导线的设想基础上，便催生出了无线鼠标，通过蓝牙、射频等方式实现信号传输，让操作更加自由灵活，显著提升了用户体验。

再比如眼镜。传统眼镜由镜框、镜片和镜腿构成。有人提出一个极具颠覆性的设想：如果能去掉外露的结构，只保留最核心的"镜片"部分，会怎样？于是，隐形眼镜应运而生。这种"减法式"的思维，不仅改变了产品形态，也彻底重塑了用户与产品之间的交互方式。

在工程技术领域，"减一减"有时更体现为逆向思考。1964年，中国第一枚自主设计的导弹"东风-2"在初次试射中未达预定射程。面对失败，许多专家主张增加燃料以延长航程。然而，年轻工程师王永志却提出一种看似反常的建议：卸下一部分燃料以减轻自重，提升推力效率，反而可能飞得更远。这个提议一开始就引发了争议，但钱学森认真听取了他的分析并支持了该想法。结果，"东风-2"在减少600公斤燃料后成功命中目标，成为中国导弹研发的重要突破。

后来王永志成为中国工程院首批院士，任中国载人航天工程总设计师。

在抗战时期，这种"减一减"的思路同样体现在铁道游击队的实战创新中。飞虎队员们从战场上缴获了大量日军长枪，这些枪械虽然威力大，却不适合快速机动与隐蔽作战。于是他们将长枪的枪托等不必要的部件锯掉（不是按比例缩小），改装为便携性更强的短枪，方便藏身于衣物之内，尤其适合铁路沿线灵活作战。这种"减法式"的武器改造，不仅解决了使用不便的问题，还提升了战斗效率，成为铁道游击战的典型战术之一。

麻雀战的核心其实也属于"减一减"的模式：面对敌强我弱的实际

情况,把大部队作战改为小部队作战,减少部队的规模,几个人一组进行袭扰,让敌人难以应对。

在八路军兵工厂,军工们缺少正规的装备,就采用"减一减"的思维,用简单的工具,通过简化的流程,生产出了无烟炸药。

可见,"减一减"并不仅是减法,更是对本质需求的精准把握与重构。它要求人们从常规中抽离,从复杂中剥离,寻找真正重要的核心所在。减去的,可能是累赘,也可能是机会的起点。在科技、军事、设计等各个领域,这种逆向简化思维都持续为创新注入源源不断的动力。

3 扩一扩

"扩一扩"是发明创造中一种常见而有效的思维路径。它的核心在于将已有事物加以放大、延伸、增强或系统化,从而获得更强的功能、更高的效率,甚至是全新的用途。通过扩大尺寸、功能、范围或结构,一个原本局限于小范围内使用的装置或方法,就可能被赋予更广泛的应用空间。

以空调为例,早期的空调机通常安装在窗户上(图7-03a),整体结构紧凑,但制冷压缩机的噪声直接传入室内,影响用户使用体验。工程师便运用"扩一扩"的思维,将原本集成在一台机器内的功能进行拆分和外延,把噪声大的制冷压缩机单独放置在室外,室内只保留安静的送风部分,从而发明了分体式空调。这种结构上的延伸,不仅改善了噪声问题,也为后续的产品升级提供了空间。后来,中央空调系统(图7-03b)

图7-03a 窗式空调

图7-03b 中央空调

在分体式空调的基础上产生了,它将一套制冷设备与多个室内终端连接,实现多空间协同控温,极大地提升了使用效率与环境舒适度。

在军事领域,这种"扩一扩"的思维同样具有重要应用。以抗战时期的地道战为例,最初的地道设计仅为单一出入口、单一通道的"蛤蟆蹲",适用于个别农户的防身避难。然而,在与敌人反复交战的实践中,抗日军民们发现:单一出口容易暴露和被封堵,孤立的地道也不利于支援与转移。于是他们在"蛤蟆蹲"的基础上进行了"扩展":将出入口改为双向设计,提高了通行与撤退的灵活性,并进一步将多个地道连接,构建出结构复杂、出入口众多、功能分区明确的地道网络。这种"扩一扩"的地道系统,既便于隐藏、调动,又能有效支援各村庄之间的抗战力量,成为敌后战场上一种极具中国特色的军事工程创新。

在地雷战中,开始时土地雷的威力小,炸不了敌人的列车。采用"扩一扩"的思路,把地雷做大些,多放些火药,就成功炸翻了敌人的列车。

在雁翎队水上作战中,大抬杆就是放大了猎枪的威力,日军还以为是一种炮,称为"扫帚炮"。

在麻雀战中,游击队员扩大了自己的活动范围,在一场战斗中可能要在周围的小山中来回转移,牵制着日军大部队。

"扩一扩"的本质,是对已有结构或功能的合理放大与优化重组。它并不只是物理空间的拓展,更是一种系统性思维的体现。当人们敢于突破原有边界,将局部经验拓展为整体应用,就可能由"点"的发明,推进为"面"的革新,最终引发"体"的转型。

4 缩一缩

把某件东西压缩、缩小,它的功能、用途会发生什么变化?有时某一件东西"缩一缩"后就成了一件新东西。

"缩一缩"是发明思维中的又一典型路径。通过对现有事物进行压缩、精简或微型化,不仅可以提升其便携性与适用性,某些情况下甚至能赋予它全新的功能与生命。一件物品的缩小,并不只是体积上的改变,更是功能优化与场景拓展的结果。

以热水瓶(也称"保温瓶")为例,在过去的几十年中,它曾是家家户户不可或缺的生活用品(图7-04a)。然而,随着生活方式的变化与外出活动的日益频繁,人们逐渐发现传统热水瓶体积笨重、不便携带,尤其在冬季旅行途中,想喝上一口热水变得颇为困难。于是,有人提出将热水瓶"缩小",经过结构调整和功能压缩后,一种更适合随身携带的容器——保温杯便应

图 7-04a 热水瓶及其内胆

图 7-04b 保温杯

运而生(图7-04b)。这一改变,不仅解决了携带不便的问题,也极大地提升了人们日常出行的舒适度与便利性。

类似的例子在现代生活中比比皆是。袖珍收音机、微型电视机、便携式手电筒、压缩饼干等,都是通过"缩一缩"的方式从大型物品中衍生出来的新品类。它们保留了原有功能的核心要素,同时通过缩小体积,使其更适应多变的使用场景。

在军事技术领域,"缩一缩"同样展现出重要的实用价值。抗战时期,传统步枪枪身较长,在骑兵作战或复杂地形中使用非常不便。军工技术人员敏锐地发现了这一问题,就在普通步枪的基础上进行改进:通过缩短枪管、调整枪托设计,成功研制出一种适用于骑兵的"马步枪"。

这种武器在保持足够射程与威力的同时，大大地提升了骑兵部队的机动性和灵活性，成为当时前线作战的实用利器。

日军掷弹筒的炮弹配以紫铜弹带，气密性好；太行兵工厂缺少材料，就把炮弹尾部"缩一缩"，取消紫铜弹带，改用尾翅代替，效果也很好。

可见，"缩一缩"并非简单的物理压缩，而是对结构与功能的重新优化与整合。它体现了一种"以小见大"的发明智慧：在看似有限的体积中，释放出更大的使用价值。即使这种看似微小的变革，也推动着科技与生活方式的不断演进。

5 变一变

"变一变"是发明创造中常见且极富成效的一种思维路径。它通过改变事物的形状、颜色、声音、气味、位置或使用顺序，从而激发出全新的功能或解决现有问题。看似简单的调整，往往带来意想不到的优化与突破。

图 7-05a　圆柱形铅笔

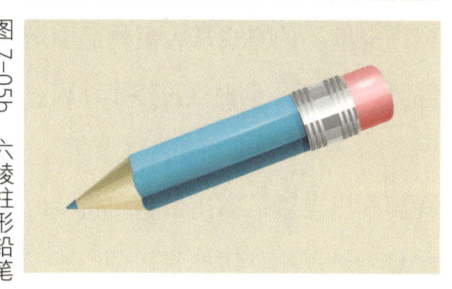

图 7-05b　六棱柱形铅笔

以铅笔为例，最初的设计多为圆柱形（图 7-05a），虽然便于制造和握持，但在倾斜的桌面上极易滚落，既影响使用，也容易丢失。为了解决这个问题，设计者将其截面由圆形改为六边形（图 7-05b），从而有效防止滚动。这一微小的"形状变化"，提升了使用便捷性，成为今天铅笔设计中的经典外形。

在军事装备领域，"变一变"的策略更是体现得淋漓尽致。抗战时期，我军在极为艰苦的条件下，面对敌人精密的工业产品，常常需要因地制宜、灵活改进。

在地雷战中，根据地缺少金属原料，就改用石头、陶瓷代替铁制地雷外壳，这正是"变一变"思维在战争实践中的典范运用。另外，地雷一般是埋在地下，但是思维开阔后，就可以将其挂在树上、门后，总之就是要让敌人处处挨炸，打击敌人的气焰。

在地道战中，为出其不意，军民们把灶台变成了地道口，平时做饭，战时揭开锅就可以进入地道。

在军工加工中，为了把生铁变成熟铁，温度需要控制在1000℃，但抗日根据地没有温度计。军工们就想到利用银圆来控制温度，因为银圆熔化的温度就很接近1000℃。利用"变一变"的思维，银圆变成了温度计。

从生活用品到军事装备，"变一变"的背后是对现实需求的敏锐洞察和对资源条件的灵活调整。它提醒我们：在面对困难或局限时，不妨试着换一个角度，调整一个细节，或许就能找到更高效、更实用的解决方案。

6 改一改

"改一改"是发明创造中极为常见且实用的一种方法。它的核心在于对已有事物进行持续优化，通过发现缺点、剖析问题、提出改进，从而不断提升产品的功能与用户体验。这种方法强调精益求精，并往往带有较强的问题导向：先找出影响使用的关键缺陷，再针对性地提出可行的改进方案，使之更加符合实际需求。

以日常生活中常见的雨伞为例，传统雨伞虽然遮雨效果良好，但因体积较大、不便携带（图7-06a），给人们的出行带来不便。基于"改一改"的思路，设计者将其在结构上进行了革新，创造出可折叠式雨伞。它不仅保留了原有的防雨功能，还能轻松折叠收纳，放入背包或手提袋中（图7-06b），极大地提升了便携性与实用性。这并非简单地"缩小"，而是

图 7-06a 传统雨伞

图 7-06b 可折叠式雨伞

对结构和机制的重新设计，充分体现了"改一改"的创造逻辑。

抗战时期，军民在地道战中也展现了出色的改造能力。最初修建的地道虽然隐蔽性强，但面对敌人释放毒气或使用烟熏的手段时，缺乏有效的防护机制，极易造成人员伤亡。针对这一关键问题，军民集思广益，对地道进行了结构性改造：在地道内部增设"反口"，即设置可封闭的隔断装置。一旦敌人释放毒气或烟雾，只需将反口的木板迅速合上，整个地道就被分隔成独立的两段空间，毒气只能进入其中一段，另一段则得以幸免。此项改造简单实用且极大地提升了地道的防御能力，为地道战的长期开展提供了坚实保障。

在地雷战中，地雷缺乏引信，刘鼎就教大家把小灯泡"改一改"，可以当作引信。

在"自拉火枪"的改进中，把原本由哨兵扣动扳机报警，改为敌人用身体触碰马尾绳拉动扳机，让敌人自己报警。

铁道游击队员为了便于扒火车，把钩子进行了改进。

雁翎队把普通的芦苇秆打通，就可以进行水下呼吸。

在军工专家们手上，铁轨经过"改一改"，就可以变为小钢炮的炮筒、简单机床的道轨。

"改一改"的方法强调在现有基础上不断优化，通过微小却关键的改进，赋予事物新的生命力与适应性。这种思维不仅适用于日常生活中的产品设计，更在战时条件艰苦、资源有限的背景下展现出强大的实用价值。它启示我们：即使条件受限，只要善于发现问题、勇于改变，就能将不足转化为优势,从而实现突破和创造。

7 联一联

"联一联"属于联想思维方法,强调通过将两个或多个看似无关的事物建立联系,从中发现新规律、激发新创意,并寻找解决问题的突破口。这种方式往往能打破思维定式,将生活中琐碎的观察转化为发明创造的灵感源泉。

例如,一般刀具使用久了,刀刃就会变钝,需要反复打磨(图7-07a),既麻烦又费时。一位公司职员在生活中偶然看到有人用玻璃片刮除木板上的油漆,而当玻璃片变钝后,只需轻轻敲断一节,就能立即换上一段新的刃口继续使用。这一情景让他产生联想:刀具是不是也可以通过"折断钝刃"的方式来保持锋利?基于这一思路,他在长条形刀片上

图7-07a 磨刀

图7-07b 美工刀

设计了便于折断的刻痕,一旦刀刃变钝,只需折去前端,就可立即获得新的锋利刃口。这便催生了如今广泛应用于办公、手工、工业等领域的美工刀(图7-07b)。这一发明,正是将"玻璃片的使用方式"与"刀具的功能需求"进行巧妙联结的成果。

在抗战时期的军工创新中,也有典型的"联一联"案例。一次,张国斌在河中洗澡时,发现湍急的水流使人难以站稳,产生了"水力能驱动机械"的初步构想。而河中翻滚的帽子像水磨的旋转状态,他将水流的冲击力与水车的运作原理联结在一起,提出"仿造水车建水轮机以带

动机床"的设想。这一联想结合了自然现象与农业经验，成功解决了战时缺电、缺动力的生产难题，为根据地的军工生产提供了技术突破。

在地雷战中，看到捕兽夹跳起，想到让地雷跳起，属于"联一联"。

在地道战中，民兵们根据平时听声音辨别方向，想到在挖地道时，在地面敲击，让地下挖地道的人根据声音确定挖掘的方向，也属于"联一联"。

铁道游击队根据物体热胀冷缩的特点，联想到去掉固定的螺母，让铁轨膨胀变形。

雁翎队看到葫芦的底部形状是一个大圆球，联想到可以在里面放地雷，从而就有了漂浮的水雷。

在麻雀战中，人们看到麻雀的生活习性，联想到可以模拟这一方式袭扰日军。

"联一联"的发明路径提醒我们：创意的火花往往来源于对事物之间关系的重新联结。只有善于观察，敢于联想，才能在复杂多变的现实中捕捉灵感，跨界整合，创造出具有突破性的解决方案。这种看似偶然、实则深藏逻辑的联系，正是创新能力的重要体现。

8 仿一仿

"仿一仿"是创造发明中极具启发性的路径之一。它指的是人们通过观察和研究自然界或现实生活中的现象，从中汲取灵感，模仿其结构、原理或功能，进而创造出新的工具或解决方案。这种模仿不止于表层，更是一种对本质规律的借鉴。

例如，人类研究蝙蝠利用超声波进行飞行导航的原理，从而发明了雷达系统；分析鱼在水中游动的流线型结构后，设计出了降低水阻的专业泳衣，大大提升了竞技成绩。

生活中也有类似案例，自行车充气轮胎的发明便源于一次日常观察。

英国人约翰·博伊德·邓洛普（John Boyd Dunlop, 1840—1921）有一天看到儿子骑着硬轮自行车在卵石路上颠簸，骑行既艰难又危险（图7-08）。作为兽医，他想到了牛胃胀气形成的弹性，又联想到花园里的橡皮水管被踩后有回弹的感觉。由此，他把水管弯成圆形，密封后充气，发明了世界上第一条充气轮胎，有效缓解了颠簸感，也为交通工具的发展带来了革命性的变革。

图7-08 老式自行车

在抗日战争的"麻雀战"战术中，也可以看到"仿一仿"的创意实践。抗日军民观察到麻雀这种鸟类灵活小巧、行动迅捷，尤具团队协作性：它们成群结队地觅食，遭遇危险时立刻分散逃脱，再快速重组，反复分合以迷惑敌人。受到这一特性的启发，游击队将传统的大规模集中作战方式，灵活转化为"麻雀式"的分散突袭战术。他们以小分队的形式分散出击、灵活游走，令敌人防不胜防；一旦捕捉到敌军弱点，又迅速整合兵力，形成局部优势，发起迅猛攻击。这种战术以最小的代价换取最大的战果，是自然界生存智慧与战场策略完美结合的典范。

在地雷战中，太行山村民们根据铁壳地雷的结构特点，用石头敲打出石雷的内外形状，与铁壳地雷相近，这是属于"仿一仿"。

在地道战中，模仿"狡兔三窟"，把"一个出入口"改造为"多个出入口"，增加了逃生和出击的概率。

"仿一仿"的核心，在于将自然界或生活现象中的有效机制迁移到新的应用场景之中，实现跨界创新。无论是技术发明，还是战术设计，这种借力打力、类比转化的思维方式，都充分体现了人类模仿自然、超越自然的智慧与创造力。

9 代一代

有什么东西能代替另一样东西吗？如果用别的材料、零件、方法行不行？使用其他动力、换个结构行不行？换个要素、模型、布局、顺序行不行？

"代一代"是一种以替代思维为核心的创新方法。它指的是通过更换材料、零件、结构方式或运行机制，用新的要素替代原有组件，从而解决原方案的局限，甚至激发出新的用途与效能。这种方式常常通过"代换"带来意想不到的突破。

例如，早期的自来水管道多采用铸铁材质，但铸铁极易生锈，用户每天早晨打开水龙头时，往往先流出一段黄水（图7-09a），既影响使用体验，也不利于健康。后来，人们改用聚氯乙烯（Polyvinyl Chloride，简称"PVC"）作为替代材料（图7-09b），不仅解决了锈蚀问题，提升了管道使用寿命，还大大改善了供水的卫生安全性，成为现代城市供水系统的重要材料革新。

图7-09a 铁管容易生锈

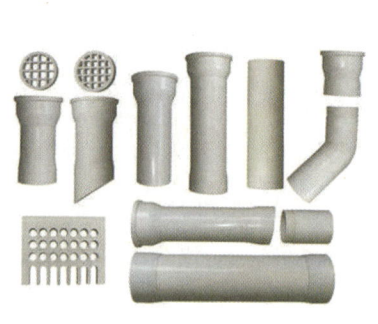
图7-09b PVC管

在抗日战争时期，资源匮乏，条件简陋，但军民们却发挥了极高的智慧，在"代一代"的创造上屡有突破。以地雷战为例，传统地雷应由金属材料制成，但在敌后根据地中，金属极为稀缺，加工条件也十分有限。于是，军民们另辟蹊径，采用陶瓷、石头等非金属材料制作地雷外壳。这样的替代不仅成功解决了材料问题，更因非金属材质无法被日军探雷器识别，从而巧妙地增强了地雷的隐蔽性与杀伤力，变被动为主动。

又如军工专家在装备制造上的巧思：没有合适的设备，他们就用铁锅代替蒸煮设备、高边瓦桶代替硝化机、土灶煤火代替烘干室、石磨代替打浆机。在没有反应塔的情况下，他们巧妙地将两只陶缸扣合起来替代复杂设备，临时拼装出一个简易的化学反应装置。这种看似朴素的替代方案，正是在极端条件下展现出的高度创造力。

在地雷战中，把普通的引信换成硫酸腐蚀铁丝引爆地雷，实现了地雷延时爆炸的功能。

在一次麻雀战中，游击队遇到日军多路合围，他们不是直接撤出，而是分别向两股敌人开枪，然后自己悄悄撤出，把自己的位置让日军来"代替"，就使得两股日军自己打起来。

"代一代"的本质，是对固定思维的突破。在材料短缺、技术受限的情境中，通过变换材料、结构、流程，找出可行的替代，反而能带来更高效、更隐蔽、更灵活的解决方案。

10 搬一搬

把这件东西搬到别的地方，还能有别的用处吗？将某个想法、道理、技术搬到别的地方，也能用得上吗？可否从别处听取意见、建议？可否借用他人的智慧？

"搬一搬"是一种将原有事物的位置、场景或用途进行迁移与再配置的创新思维方式。它强调的是，将一个理念、方法、技术或物件从原有的应用场域搬迁至新的环境中，激发出新的功能与价值。往往，一个看似局部的调整，却可能带来意想不到的突破性效果。

现代医院中广泛使用的重症监护病房（ICU）便是一个典型例子。ICU 能够为重症或昏迷患者提供隔离监护环境（图 7-10a），并通过实时监测系统对患者的呼吸、心跳、血压等关键生命体征进行持续监测（图 7-10b）。这一高效的生命支持模式，其实最初并非源自医疗系统，而是源自航天科技。在早期载人航天任务中，航天员需要在太空中长时间处于特殊环境，地面系统需对其身体状态进行实时监控。航天科技中的多项生命监测技术随后被"搬"入医院系统，经过医学改造，发展成今天的 ICU 模式，极大地提升了对重症患者的护理水平。

图 7-10a ICU 病房

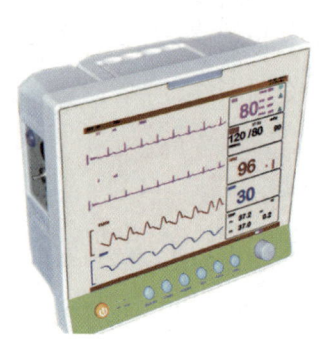

图 7-10b 实时监测系统

抗战时期的游击作战中，"搬一搬"的创造性思维也屡见不鲜。在地雷战中，传统的地雷一般埋设于地下，用以炸毁敌人或车辆。然而，游击队员别出心裁地将地雷从地下"搬"到了树上、门后、墙角等敌人意想不到的角落，从而对日军实施突然袭击，出其不意，大大提高了打击效果。

在地道战中，军民们把很多东西都搬到了地下，包括兵工厂、生活设施、牲口等，从而可以进行持久战斗。

水上游击战中也有精彩案例。大抬杆原是民间用于猎雁的火器，发射时可喷出大量散弹，对成群飞行的水禽具有强大杀伤力。雁翎队员巧妙地将这一武器从田野搬到船上或水面，将原本的猎雁用途转为打击日军汽艇。作战时，雁翎队员藏身于水草之间，待敌船靠近再发射大抬杆，凭借其近距离强大火力打击，一举击毁敌艇。传统猎具因"搬一搬"的巧妙思维转换，变成了高效的战斗利器。

铁道游击队，把战场搬到了铁道和列车上；雁翎队，把战场搬到了水上。

"搬一搬"不仅意味着空间上的转移，更体现了一种打破边界、跨界融合的思维方式。它鼓励我们从别处借鉴经验、移植理念，吸收他人的智慧，将原本限定在某一领域的方法转化为新的解决方案。

11 反一反

"反一反"是一种典型的逆向思维方式，即从事物的相反方向进行观察与思考，尝试打破常规路径，寻找解决问题的新视角和新方法。这种方法常常通过将某一物品或行为的正反、里外、上下、左右、前后，甚至顺序进行颠倒、置换，来产生意想不到的创新效果。

比如，在传统手工缝纫中，衣料保持静止，手拿针线进行大幅度运动（图7-11a），效率较低。而缝纫机的发明，正是一个"反一反"的经典案例。它将针线固定在机头上进行小范围的上下快速运动，而布料则通过人手或机械装置进行大范围推动（图7-11b）。原本静止的布料动了，原本灵活移动的针线静了下来。这一"反其道而行之"的改进，不仅大幅提升了缝纫效率，也极大地推动了服装工业的发展。

抗战时期的地道战同样是"反一反"

图 7-11a 手工缝衣服

图 7-11b 缝纫机

思维的生动体现。在敌强我弱、地形开阔的平原地区，日军凭借机械化装备和强大火力对村庄进行频繁"扫荡"，抗日武装在正面作战中难以与之抗衡。面对这一困境，军民们不再在地面上与敌人硬碰硬，而是反其常规，把战斗移到了地下。他们在村庄下开凿错综复杂的地道系统，实现了"人在地上走，战斗在地下打"的作战方式。地道战不仅有效避开了敌人的火力压制，还为游击队的藏身、机动和反击提供了安全屏障。这种从地面转入地下的战术思维，就是"反一反"的杰出应用。

在地雷战中，为了消灭日军工兵，李混子采用了"反一反"的模式，故意设置地雷阵并让日军工兵发现，且该地雷的引爆不是通过触发引信，而是轻微的晃动就会延时爆炸。这种"反一反"的方式效果很好，消灭了想研究地雷的日军工兵。

雁翎队有时从水中跃出攻击日军，因为日军的注意力在芦苇荡中。这就是"反一反"的特点，让日军出乎意料。

"反一反"不仅是一种技术策略，更是一种思维方式的突破。它鼓励人们敢于挑战思维惯性，从相反方向重新审视问题，有时正是这种"不走寻常路"的逆向逻辑，为我们带来了意想不到的发明创新思路。

12 定一定

为了解决某个问题或改进某件东西，为了提高学习、工作效率和防止可能发生的事故或疏漏，需要规定些什么吗？在经验和教训的基础上，制定一些规章制度和技术标准，以便有章可循，实行文件化、制度化，这就是"定一定"。

例如，美国著名企业家亨利·福特（Henry Ford，1863—1947）正是凭借"定一定"的思维，发明了流水线生产法，彻底革新了汽车工业。在此之前，工人们需要围绕一辆汽车，分别负责安装不同的部件，不仅效率低下，人员之间还容易互相干扰。福特将这一模式进行彻底调整：

让汽车在流水线上缓慢移动，而工人各司其职，站在固定位置安装同一种配件（图7-12）。仅此一项制度化变革，就使得每辆汽车的组装时间从原先的12小时28分钟大幅缩短

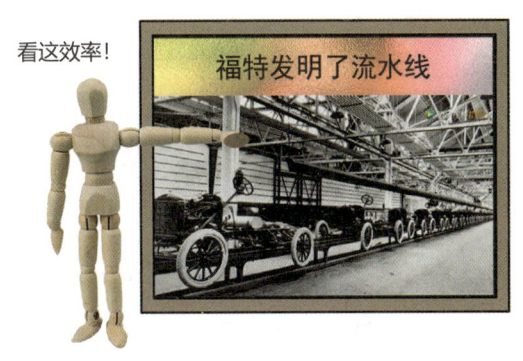

图7-12 流水线

至90分钟，生产效率提高了近八倍。福特流水线的推广不仅让汽车成为大众消费品，更对整个工业文明产生了深远影响，也使他成为"影响人类历史进程的100名人排行榜"的上榜企业家。

"定一定"的发明方法同样在抗战的军工创新中发挥了重要作用。在军工专家刘鼎的推动下，鲁南抗日根据地的地雷战得以系统化开展。彼时刘鼎已全面掌握了地雷的制造工艺和使用原理，但他深知，仅靠个别技术人员无法掀起大规模的地雷战斗。于是，他便亲自编写了《地雷制造使用法》《各种地雷触发装置法》等指导性技术手册，并在东崖底主持开设了地雷战培训班，系统地教授地雷结构、制造方法、触发原理、布设技巧，以及如何组织群众广泛参与。通过这一套制度化、文件化、标准化的技术输出方式，地雷战在抗日根据地迅速普及，形成了"村村造地雷，户户用地雷"的群众性战斗局面。

在地雷战、地道战、麻雀战中，都是某个地区先进行尝试，取得成功后，再进行推广，这都是把成功经验"定一定"的案例。

"定一定"的意义不仅在于发明，更在于推动发明的传播与复制，让经验成为制度，让创意转化为集体行动的指南。这种从"技术突破"到"标准制定"的思维方式，正是许多成功变革的核心所在。

后记

在抗日战争胜利 80 周年之际，写一本书介绍抗战时期发明创造的故事，视角独特。

第一至六章的体例，先简单介绍相关背景及意义，然后介绍英雄人物，再介绍发明的案例，最后从发明创意的角度进行介绍和迁移。第七章综合介绍了发明方法。

本书介绍道：在极其困难的情况下，抗日军民没有材料，没有工具，但依靠创意总能解决问题。启发读者，未来面对困难时，要多观察思考，问题总是可以解决的。

每章最后列出了与本章内容相关的纪念馆、电影或书籍。

本书由高云峰和高斯玥共同完成。其中高云峰负责编写第一章至第五章、第七章，完成科技类的插图等内容；高斯玥负责编写第六章，完成全书文艺类的插图，此外，还负责收集全书原始素材，统一全书风格，整理采访刘鼎儿子们的内容等工作。

本书部分的框架及内文插图利用了人工智能的协助。前插页中刘鼎的照片由刘文山提供，其他照片由中国人民革命军事博物馆专家王聚英提供。

由于作者水平有限，以及时间紧张，如果文中存在不足之处，敬请谅解。

高云峰　高斯玥

2025 年 5 月于清华园